VOCÊ NÃO É A SUA FERIDA

Alexandro Gruber

VOCÊ NÃO É A SUA FERIDA

Ressignifique sua vida todos os dias

‹ns

São Paulo, 2024

Você não é a sua ferida: ressignifique sua vida todos os dias
Copyright © 2024 by Alexandro Gruber
Copyright © 2024 by Novo Século Editora Ltda.

Editor: Luiz Vasconcelos
Aquisição de título: Karina Cayres
Organização de conteúdo e produção editorial: Letícia Teófilo
Projeto gráfico, diagramação e composição de capa: Mouses Sagiorato
Revisão: Fernanda Lutfi

Texto de acordo com as normas do Novo Acordo Ortográfico da Língua Portuguesa (1990), em vigor desde 1º de janeiro de 2009.

Dados Internacionais de Catalogação na Publicação (CIP)
Angélica Ilacqua CRB-8/7057

Gruber, Alexandro
Você não é a sua ferida: ressignifique sua vida todos os dias / Alexandro Gruber
Barueri, SP: Novo Século Editora, 2024.
384 p.: il., color.

ISBN 978-65-5561-925-6

1. Autoajuda 2. Máximas 3. Motivação (Psicologia) I. Título

24-5426	CDD 158.1

GRUPO NOVO SÉCULO
Alameda Araguaia, 2190 – Bloco A – 11º andar – Conjunto 1111
CEP 06455-000 – Alphaville Industrial, Barueri – SP – Brasil
Tel.: (11) 3699-7107 | E-mail: atendimento@gruponovoseculo.com.br
www.gruponovoseculo.com.br

‹ns
uma marca do
Grupo Novo Século

*Para você que precisa se
curar daquilo que não fala
pra ninguém.*

"Quando a situação não puder ser transformada, transforme-se."

Viktor Frankl

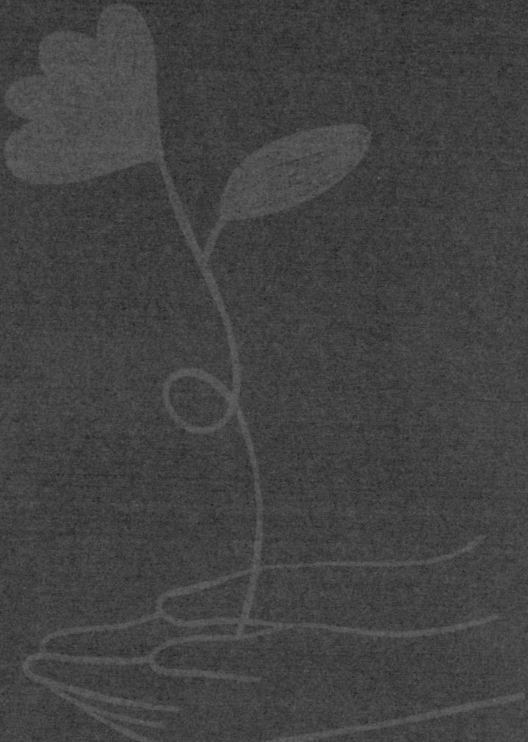

PREFÁCIO

Por Vivi Barbosa
@vivipraisso
Terapeuta de mulheres
e escritora

Durante os meus mais de dez anos ensinando alunos e leitores a se amarem mais, percebi o quanto pessoas feridas esperam por salvadores vindos de fora. E aí, na ilusão de se preencherem, ocupam-se salvando outras pessoas, com a expectativa de que, em algum dia, quem deixou marcas ou a fez chorar, volte para cuidar dela.

Ledo engano. As nossas feridas são apenas nossas, e quanto mais você as ignorar, mais dolorido e complexo esse machucado pode ficar.

Os textos que vai encontrar nas próximas páginas têm o poder de trazer um novo olhar para sua dor, seja ela qual for. E o carinho em que Alexandro coloca em cada palavra pode ser um enorme sinal de que a cura lhe pertence, e o melhor: de que ela é possível.

Não, os textos deste livro não vão mudar seu passado, apagar seus traumas e dores e, muito menos, te blindar de sentir emoções nocivas outra vez. Mas, são ferramentas poderosas para te ensinar a dar novo significado ao que você pensa, sente e faz por si mesmo todos os dias. Isso é ressignificar. Isso é amar: lamber suas feridas mesmo quando quem as fez não se importa contigo. Porque, na caminhada da vida, essas mesmas dores te ensinaram de que você merece se tratar com mais carinho, autorrespeito e cuidado.

Espero que se entregue nesta leitura, e se permita viver do lado de cá, em que o amor ensina mais do que a dor, e que você salva a si mesma antes de salvar o outro.

Você não é sua ferida, de Alexandro Gruber, é de cabeceira, de bolso, ou ainda de estar presente na gaveta do seu trabalho. E sempre que aquela ferida tentar te machucar mais uma vez, feche os olhos, respire profundamente, e escolha um texto para acalmar seu coração.

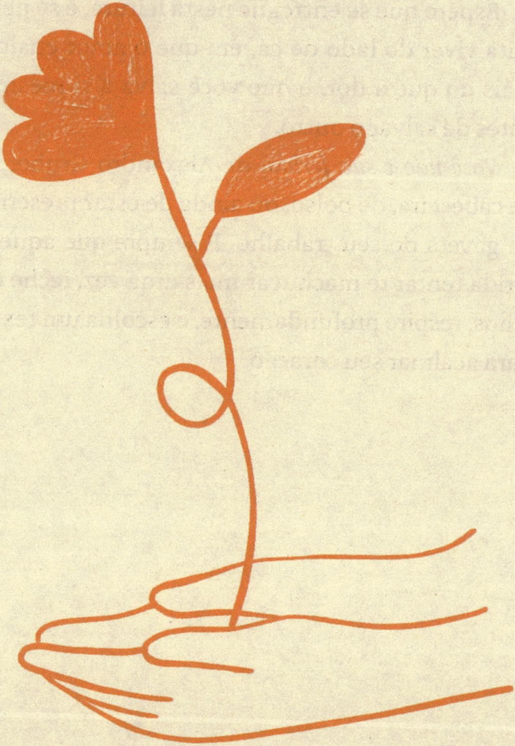

Que nenhuma dor, nenhuma desilusão, nenhuma pessoa tirem de você aquilo que você carrega de mais bonito. Que as suas feridas não escureçam seu coração nem roubem o brilho dos seus olhos. Que os machucados do passado não te tornem alguém que você não é. Pois *você é muito maior do que a sua ferida*. São exatamente essa luz que você carrega, esse amor que você tem por você e essa fé na vida que vão te curar. Sempre curam!

Calma, coração ferido. Às vezes a vida é confusa mesmo. Nem sempre temos todas as respostas. Mas confie em mim, ninguém tem. Então seja gentil com você. Não há por que se julgar tanto, nem ter tanta pressa. *Respire, desacelere, tenha compaixão com você e paciência com as suas emoções.* Devagar, tudo volta a ficar bem de novo.

Mesmo que alguém tenha nos machucado, não cabe ao outro nos curar. *A responsabilidade pela cura é sempre nossa.* E, apesar de parecer injusto, este é na verdade o nosso maior poder: não depender de uma atitude para ficar bem.

Que nos acostumemos a perdoar as pessoas em silêncio e seguir em frente. *Nem todo perdão precisa ser verbalizado.* Ele precisa ser sentido. Porque o perdão é fruto da nossa relação com a ferida. Quando você perdoa é você que se liberta.

Superar é a atitude de ficar em paz com o passado. É quando escolhemos seguir e desapegar da dor. É a coragem de olhar para dentro de si e dizer: *o que me machucou um dia não me machucará mais!*

Assim como você tem que sair da sombra para que o sol toque sua pele, você também tem que abandonar o medo de amar para que o amor toque sua alma. *O amor é o sol que nos ilumina por dentro.*

Quando nos guiamos pela
dor agimos por impulso. Ao
aprendermos com a dor mudamos
o nosso percurso. *Sempre
existirá a escolha de brigar
com a dor ou de aprender com
ela.* A primeira escolha estende
o sofrimento, enquanto a outra
nos faz crescer e superar.

O amor não pode se limitar a uma relação. É preciso amar além. Amar a si, amar o outro, amar o que se faz, o chão que se pisa, o ar que se respira. Porque aquele que ainda não entendeu que o amor precisa estar em cada canto ainda não entendeu sobre o que o amor verdadeiramente se trata.

Não tema deixar para trás o
que lhe machuca. Lembre-se:
*finalizar um ciclo que lhe fazia
mal já é o começo da cura.*

Aquilo em que você acredita impacta diretamente naquilo que você pensa. O que você pensa influencia o que você sente. Como você se sente reflete profundamente em como você age. *Escolha pensamentos que te ajudam a crescer e toda sua vida se transformará.*

Tudo começa dentro de você. Por isso, sua vida só muda de verdade quando você muda a sua forma de ver a vida. *A verdadeira e mais significativa mudança é sempre de dentro para fora.*

Questione diariamente se as pessoas à sua volta, os espaços que você frequenta e os pensamentos e *hábitos que você tem estão alinhados com a pessoa que você quer ser.* Para alcançar o seu propósito, toda sua vida precisa estar sintonizada com ele.

Não existe cura instantânea. A cura é cercada de altos e baixos, de confrontos consigo mesmo, de questionamentos internos, de ressignificação de suas crenças, de mudança de hábitos e do despertar de uma nova consciência. A cura não se dá em saltos. *A cura é um processo.*

Se curar é a atitude de deixar ir a pessoa que você era, e as dores que carregava, e permitir nascer uma nova versão de si mesmo. É impossível se curar permanecendo no mesmo nível de consciência. Você *não* se cura porque *esqueceu*. Você se *cura porque se transformou.*

Chega um momento em nossa vida em que *não podemos mais culpar os outros pela situação que estamos vivendo.* Amadurecemos emocionalmente no momento que paramos de procurar culpados e reassumimos o controle de nossa vida. E esse é o momento mais revolucionário da nossa existência.

Se você tiver coragem de, a cada dia, olhar para si mesmo com um pouco mais de amor, de ter paciência com suas falhas, de se perdoar quando não conseguir ser melhor, *então jamais lhe faltará a força necessária para conquistar o que é seu!*

Não permita que um momento de dor defina a sua vida. Você terá momentos de decepção, momentos em que vai falhar, momentos difíceis que terá de enfrentar. Mas são momentos. *Não faça de circunstâncias passageiras sentenças eternas.*

Tudo na vida passa, desde que você não retenha isso em sua mente. *Não construa moradas para a dor dentro de você.* A dor tem que ser uma lição, não um hóspede. Absorver a lição é abrir a porta para que a dor possa sair.

Não demore a decidir ser feliz. Quanto tempo ainda ficará preso ao passado, às pessoas que saíram da sua vida, aos equívocos que teve ou aos sonhos não realizados? A vida é hoje. O presente é a vida te convidando a largar o que passou e a abraçar a felicidade que o agora tem a te oferecer.

Às vezes leva um tempo pra gente voltar a ficar bem depois de uma desilusão. E esse tempo é o tempo de cada um. Porque o relógio do coração funciona em fusos horários diferentes pra cada pessoa. *Mas lembre-se: a cada fim, a vida nos apresenta um novo começo.*

A cura não se apressa, a cura se respeita. Assim como não podemos tirar a lagarta do casulo para que ela vire borboleta, também temos que respeitar nossos processos internos para a cura se realizar. É respeitando nosso tempo pessoal que a nossa metamorfose acontece.

Pessoas boas também erram, falham e tropeçam. Porque pessoas boas, acima de tudo, são humanas e imperfeitas. Então saiba que um engano seu não lhe define. Você não se torna mau por causa de um equívoco. *Pessoas boas também erram.* Mas usam de seus tropeços para aprenderem a ser melhores.

Se aprendermos a plantar compaixão e afeto no solo de nossas cicatrizes emocionais, *veremos florescer* lições.

Aprenda a cuidar do seu coração da mesma maneira que você cuida da sua casa: *jogue o lixo emocional fora*, tenha cuidado com quem você permite entrar, decore com coisas belas, faça dali um espaço confortável para que você descanse.

Nada pode congelar a pessoa que
aprendeu a olhar cada desafio
como um degrau para o seu
crescimento, que sabe colher
aprendizados de cada dor, que usa
o amor como a sua bandeira, que
faz da gratidão a sua oração diária
e que decidiu que não permitirá
nada lhe impedir de ser feliz.

Nem todos os finais são felizes, mas todos são necessários. Lembre-se de que o fim de um ciclo não é o fim do caminho. Ele, na verdade, é a ponte que te conecta a uma nova fase de vida. *Talvez finais difíceis sejam apenas travessias para caminhos melhores.*

Não existe vitória maior do que
a conquista interior. Do que ver
você se curando daquilo que um
dia te machucou. Do que perceber
que, apesar de todas as dores
pelas quais passou, você continua
sendo bom e acreditando no
melhor da vida. Do que saber que,
mesmo enfrentando desafios,
você não se tornou a sua ferida.

Lembre-se de que as maiores vitórias não precisam de aplausos externos. Elas são vividas no silêncio da sua alma. Pois o *importante não é o reconhecimento dos outros, mas sim o do seu coração*. Desse coração que superou dores e que por isso sabe que venceu.

Não desperdice seu tempo e sua energia tentando ser amado ou aprovado. *Foque desabrochar quem você é.* Nem todos apreciam a beleza de uma rosa, mas ela não tenta convencer ninguém, ela apenas emana seu aroma e sabe que aqueles que forem simpáticos a ela virão sem esforço.

As pessoas dão sinais. Do que querem e do que não querem. E principalmente de quem são. Atitudes sempre comunicarão mais do que palavras. Por isso fique atento ao que as pessoas dizem, e mais ainda ao que elas fazem. *Aprender a ler os sinais que as pessoas nos dão é evitar feridas que não queremos viver.*

Cada experiência que vivemos é um convite à transformação. Pois nunca saímos os mesmos depois de atravessarmos uma etapa de nossa vida. *Aceitar se transformar é fazer de cada vivência um portal rumo à nossa realização.*

Mesmo que algumas experiências sejam difíceis e relutemos com a ideia de extrair uma lição, *aprender com as nossas dores é o único meio de sobrevivermos a elas.*

Nem todos os dias seremos produtivos. Precisamos aprender a respeitar nossas fases internas. ***Há dias para produzir e dias para descansar.*** Porque, às vezes, nossa alma nos chama ao recolhimento. E precisamos atender a esse chamado, pois é ali que reencontramos a força para continuar.

Dizem que a sua missão está guardada dentro do seu coração. Naquelas coisas que dão mais cor aos seus dias. Nas vivências que fazem você sentir que viver é mais que existir. *Viver de verdade é procurar* agir não só pelo que a mente nos aponta, mas, principalmente, *por aquilo que encanta o coração.*

Uma vez ouvi uma frase que dizia
"Com calma e com alma". E penso
que é assim que devemos viver:
com calma para que a pressa não
nos distraia do essencial, e com
alma para que tudo que venhamos
a viver seja vivido com sentido.

O sofrimento é a dor que não atende a nenhum propósito. *Quando damos um sentido a nossas dores* e passamos a fazer algo a partir delas, deixamos de sofrer e *começamos a crescer.*

Você já se agradeceu? Por não ter desistido, por ter superado, por ter ficado do seu próprio lado nas situações mais difíceis e por ter lutado pela sua felicidade independentemente das circunstâncias que viveu? *Lembre-se de que você merece toda sua própria gratidão por ter se tornado quem é hoje.*

Felicidade não é algo que chega em sua vida. É algo que já está dentro de você. É algo que você planta no mundo e faz florescer. É o resultado da sua interação com a vida, produto do que você dá e extrai da própria existência. É a maneira que você enxerga e interpreta suas experiências. *Felicidade é algo se faz diariamente de dentro para fora.*

Ser feliz não é apenas sobre rir todos os dias. É sobre também saber secar suas lágrimas, saber aprender com suas tristezas, cair, porém também se levantar. É sobre a leveza que você encara cada dia, tendo a confiança que toda situação difícil é transitória e que *nenhuma nuvem escura apaga o Sol que brilha dentro de você.*

Pessoas vão chegar e muitas vão
sair de nossa vida. Mas a vida
em si não é sobre quem ficou ou
quem partiu. É o que fazemos
com aquilo que elas no deixaram.
*Quem sabe extrair o melhor
de cada pessoa faz de cada
encontro em sua vida um degrau
para seu próprio crescimento.*

Nunca deixe que alguém que
saiu de sua vida leve junto sua
alegria de viver e o amor que você
carrega no coração. Porque esses
tesouros não pertencem ao outro,
eles pertencem a você. *E ninguém
pode tirar o melhor que existe em
você sem o seu consentimento.*

Ao amor é preciso dizer sim.
Não é porque pessoas imaturas
nos feriram um dia que temos
que renunciar ao amor. *A
ferida jamais pode nos fazer
temer aquilo que nos cura.*

A gente precisa mudar. De pensamento, de comportamento, de lugar. Mudar diante de tudo que nos oprime ou nos diminui. Porque, assim como não adianta insistir em roupas que não nos servem mais, não adianta persistir em atitudes, circunstâncias ou pessoas que já não cabem mais em nossa vida. *Diante do que dói, mudar é sempre nossa via de salvação.*

Nos depararemos com determinadas situações em que nada poderemos fazer. É preciso reconhecer os nossos limites para não nos sobrecarregar com pesos que não são nossos. *Ganhamos a serenidade e a confiança para seguir adiante quando entendemos que a vida age onde nossas mãos não alcançam.*

A solidão não é uma sentença, tampouco um castigo. A solidão é um convite a você conhecer a si mesmo e a entender o valor da sua própria companhia. *Quem vive bem sua solitude não perde seu tempo tentando preencher sua alma com companhias vazias.*

Os ciclos vão se repetir até que a lição seja aprendida. *O que não se cura se repete.* É quando padrões são quebrados que novos mundos podem ser criados. Por isso, para que a mudança chegue, é preciso primeiro que ela comece em nós.

Quando você se amar de verdade algumas pessoas vão se afastar de você. Porque elas não estarão preparadas para essa sua nova versão que impõe limites e não aceita abusos. Mas *continue se amando*. Porque esse seu amor por você está filtrando sua vida e te preparando para encontros dignos do seu afeto.

É preciso não ter medo de
desagradar algumas pessoas se você
quiser viver uma vida com sentido.
Porque aqueles que vivem apenas
para agradar constroem uma vida
aos outros, porém desconectada
de suas almas. Só aqueles que não
temem desagradar algumas pessoas
encontram a coragem para viver
a vida que o seu coração pede.

Nossas dores são nossas e de mais
ninguém. Mesmo que tenhamos
pessoas boas ao nosso lado,
não cabe a ninguém nos curar.
Podemos receber ajuda, porém
a responsabilidade será sempre
nossa. Assumir esse compromisso
é dar início à nossa transformação.

Não tenha pressa, a vida ganha mais sentido quando você desacelera, quando você passa a caminhar com mais leveza, a prestar mais atenção na beleza da vida e a se demorar mais nas coisas que fazem bem ao coração. Às vezes, a gente só precisa desacelerar para poder se reconectar.

Não negocie sua paz apenas para manter alguém em sua vida. Ninguém vale o seu equilíbrio. Jamais se esqueça disto: a prioridade não deve ser estar com alguém, *a prioridade deve ser ficar bem.*

Você vai chegar lá, mas, no momento, viva o agora. Este instante também faz parte da jornada, e, até então, *ele é o momento mais precioso da sua caminhada: o presente.* É nele que todas as revoluções são possíveis.

Jamais se esqueça de aproveitar onde você está, pensando em aonde quer chegar. *Os momentos mais preciosos* da vida não estão no destino; *estão distribuídos pelo caminho.* Foque aonde quer chegar, mas não se esqueça de apreciar a paisagem.

Nunca subestime o poder de um ponto de vista. Às vezes nada muda lá fora, mas mudamos a forma como vemos alguma coisa e algo se altera dentro de nós. E então destrancamos as portas do entendimento e despertamos nossas coragens. *Há situações em que as soluções estão escondidas dentro de uma nova maneira de ver a vida.*

Nos sentiremos sozinhos em alguns momentos do caminho. É que existem coisas que são apenas entre nós e nosso coração. E ninguém além de nós pode resolver. Esses momentos são como um *casulo existencial*. Ninguém pode entrar nele conosco. Mas *é nele que as transformações acontecem.*

Cuide bem de seus pensamentos
e de suas emoções e não deixe
que ninguém roube a sua
paz. Uma mente confusa não
consegue ver soluções. *Mas
uma mente em equilíbrio pode
superar qualquer coisa.*

A vida vai exigir que você se
despeça de coisas e de pessoas.
Mas não se apegue ao que já
foi. Agradeça e siga aberto
a tudo que virá. É preciso se
despedir de algumas coisas
a fim de abrir espaço para
que o novo possa chegar.

Jogue fora alguns roteiros antigos, mude o script, desapegue dos planos que não te servem mais. Não há por que se apegar ao passado. É natural que muito do que você quis um dia não faça mais sentido hoje. *Trace novas rotas, faça novos planos, desperte a ousadia de sonhar de novo.* É sempre possível criar um destino pra si mesmo.

Recomeçar é se permitir renascer na própria vida. É dar mais uma chance a si mesmo. É persistir nos próprios sonhos, apesar de todas as decepções. É descobrir que os finais de ciclos não são o fim do caminho, são chamados para novas oportunidades de ser feliz.

Para hoje pratique o hábito de soltar: de soltar o que não te agrega, de soltar o que não é pra você, de soltar problemas que não são seus, de soltar o que não está ao alcance de suas mãos. *A cura começa exatamente quando você aprende a soltar o que te machuca.*

Você não vai mudar sua vida
sendo a mesma pessoa que era
antes. A mudança vai exigir
de você uma nova versão.
Nunca se esqueça de que para
haver evolução é preciso haver
transformação. *Novas experiências
só nascem de novas atitudes.*

Às vezes você será magoado pelas pessoas que mais amou. E você só supera isso quando entende que a atitude equivocada do outro não é sobre você ou sobre o seu valor, e sim sobre os limites dele próprio. *Que a sua capacidade de dar amor nunca seja diminuída por aqueles que não souberam reconhecê-la.*

Se você não tiver a coragem de acabar relacionamentos ruins, eles vão acabar com o seu equilíbrio e a sua saúde mental. Não vacile em eliminar da sua vida o que te faz mal. *Nenhum medo do novo deve ser maior do que o seu amor por você.*

Desconfie de seus próprios pensamentos. Muitas vezes sofremos mais pelos cenários negativos de nossa mente do que pela realidade em si. *Porque nem sempre aquilo que tememos é real.* Observe bem os pensamentos que você alimenta. Alguns se tornam gaiolas. Mas outros podem te fazer ganhar asas. Opte por pensamentos que te ajudam a chegar aonde você quer.

Dar o seu melhor não é suficiente para alguém ficar na sua vida. Você pode dar o seu melhor e ainda assim alguém escolher outro caminho. Porque isso não depende apenas de você. Por isso não se culpe. *Fique com a consciência tranquila que você fez a sua parte.* Se alguém escolheu ir, é porque não te faria bem. E nesse caso essa partida não é perda, é bênção!

Valorizamos demais as chegadas e nos esquecemos do poder dos pequenos passos, do valor das experiências pelo caminho, do quanto crescemos fazendo coisas singelas que ninguém vê. *Não se esqueça de que*, na verdade, são nas pequenezas diárias que *a magia da vida se faz presente.*

Se você aceita um conselho: tenha calma, a vida não se dá em saltos. A pressa não te fará chegar mais longe, mas certamente te fará mais angustiado e ansioso. Você não precisa atingir todos os seus objetivos hoje, tampouco provar alguma coisa a alguém. *Você só precisa fazer sua parte e lembrar que nenhuma conquista é maior do que ter paz no coração.*

A maior história de amor será sempre sua com você mesmo. *Você* amará muitas pessoas em sua vida, mas nenhuma mais do que a si mesmo. E isso não *é* egoísmo, é autocuidado. Porque ninguém pode ocupar em sua vida um lugar mais *especial* do que você próprio. É você que se conhece, que se cuida *e* que trabalha por você, portanto, *merece* todo seu *afeto*.

Ao guardarmos mágoas, levamos aquilo que nos feriu conosco. Mas, se alguém lhe ferisse com uma pedra, você provavelmente não a colocaria em uma mala e a levaria com você. Pois ela pesaria e atrasaria seu caminho. Com a mágoa é a mesma coisa. Por isso, em vez de levar o que lhe machucou, *use sua energia para se amar* e cuidar da sua ferida. É nessa atitude que a cura está.

Faça do amor-próprio as suas raízes. Pois é o seu afeto por si mesmo que vai sustentar e fazer florescer todos os outros relacionamentos da sua vida. É a sua relação com você que dita todas as outras relações que você tem.

Seja gentil com você mesmo. Você sabe que está tentando, progredindo e dando o seu melhor. Muitos processos estão acontecendo dentro de você. E para se curar de todas as suas dores você não precisa do seu julgamento. *Você precisa do seu afeto.* Portanto, trate-se bem.

As estrelas nascem do caos, reunindo todo o material à sua volta. Assim também acontece conosco. *Das nossas crises despertamos e das nossas dores extraímos aprendizados para fazer brilhar a nossa luz.*

O seu futuro é aquilo que você constantemente alimenta no agora. Se você tiver a consciência disso em cada momento, não perderá mais seu tempo com nada que não ajude a te levar aonde você quer chegar. *Só o que te agrega merece sua energia.*

Quando você se sentir perdido, volte pra si mesmo. Feche seus olhos e esqueça por um momento o que os outros pensam, julgam ou acham de você. *Consulte o seu coração.* Ele sempre vai te lembrar que a sua vida é sobre você e que o seu caminho é onde a sua verdade está.

Abra seu coração para as possibilidades da vida. Abrir-se ao novo é fazer florescer novos sonhos e aprender a renascer por dentro.

Não assuma mais compromissos com o passado. *Assuma um compromisso em ser feliz.* Você não encontrará sua felicidade olhando para o que já passou, e, sim, focando o agora.

Haverá dias em que você terá que seguir em frente, mesmo com seu coração apertado, carregando dores que ninguém vê. Porque o mundo não espera que volte a ficar bem. Mesmo assim continue. Porque a dor passará, mas o resultado de tudo que fez enquanto se curava continuará com você. E *você ficará feliz de ter persistido mesmo nos dias mais difíceis.*

Ressignificar é ver a vida com novos olhos. É saber que o que te afeta não são as situações, mas a maneira com que você as interpreta. Quando você escolhe ver a vida pela perspectiva do crescimento, encontra a chave para que as experiências difíceis não tenham mais poder sobre você.

Enquanto você não aprender a gerenciar suas emoções estará apenas reagindo a situações, e não direcionando sua vida. *Aprender a controlar o que você sente é compreender que emoções também constroem destinos.*

Reserve este momento para se lembrar da importância que você tem na sua própria vida. Muitas vezes priorizamos demais os outros e nos esquecemos de cuidar do nosso bem-estar. No entanto, hoje, quero que você se lembre de si mesmo e de que, se você não cuidar bem de si, ninguém fara isso por você. Portanto, *trate-se bem.*

Viver não é apenas sobre conquistas, mas também sobre aprender a lidar com frustrações. Nem tudo será como queremos. Em vez de nos revoltarmos, que possamos ter a humildade de aprender com isso. Encarar nossas decepções de forma madura é evitar entrar em um conflito com a vida e dar mais paz ao coração.

Não passe uma vida se comparando ao outro. Quanto mais você usa a régua do outro para medir sua vida, mais torta ela se torna. Você não precisa ser quem o outro é. *Viva a sua jornada.* Não busque ser melhor do que ninguém, busque ser melhor do que era no passado. Pois você só encontra a medida certa da sua felicidade quando se torna a sua própria referência.

Não desista do amor. Desista de pessoas confusas, de quem não sabe o que quer, de quem não valoriza seu afeto, de quem não enxerga a pessoa incrível que você é. Do amor nunca se desiste. *A gente desiste é das pessoas que tentam nos afastar dele.* O amor a gente abraça!

Admiro muito a coragem de quem se ama a ponto de dizer adeus. Não é fácil colocar pontos-finais. Mas é lindo ver alguém romper um ciclo que ameaça a sua saúde mental. *É belo ver alguém que aprendeu a se amar e dizer: eu mereço mais.* E não ter medo de deixar o passado doloroso para trás e ir em busca disso.

Desapegar não é sobre esquecer. É sobre não permanecer onde já não cabemos mais. É sobre ser grato ao que vivemos e receptivos ao que virá. *É sobre entender que a vida não acaba quando fechamos ciclos: ela recomeça!*

Um belo dia você acorda e percebe o valor que tem, percebe que ninguém vale a sua estabilidade emocional e que é responsabilidade sua se fazer feliz. Acredite, esse é o dia mais revolucionário e transformador da sua vida.

Lembre-se de que ninguém completa ninguém. As pessoas se ensinam, se auxiliam, se despertam, se acrescentam, se transbordam, se complementam. Mas não se completam! *O amor não é sobre completar, é sobre se comprometer.*

Existe um significado em cada coisa que vivemos. Porém nem sempre conseguimos compreender o sentido oculto de cada experiência. Porque tem coisas que só o tempo mostra. *Tem lições que só conseguimos aprender no tempo certo.* E até lá o que devemos fazer é seguir em frente e ter a certeza de que nada foi ou é em vão.

Amar-se não se trata apenas de gostar da sua aparência. Amar-se é sobre trabalhar em si mesmo e ter atitudes que preservam a sua paz e trabalham a favor do seu crescimento físico, mental, emocional e espiritual. *Amar-se é sobre cuidar bem de si. E isso é uma tarefa diária e intransferível.*

Cada pessoa oferece aquilo que pode no momento. Não se magoe por pessoas que, infelizmente, não podem oferecer mais e nem desperdice seu tempo tentando fazê-las mudar. Você pode aconselhar, mas jamais mudar alguém. *A porta da mudança só abre pelo lado de dentro.*

Ninguém é responsável por atender às suas expectativas. *Aprenda que as pessoas vão agir como são, não como você gostaria que fossem.* Esteja aberto à verdade de cada um. Você não pode moldar as pessoas ao seu desejo, mas pode sempre escolher com quem quer ou não conviver.

Respeite seus dias difíceis. É natural que não estejamos bem todos os dias. *Dias ruins não pedem a sua cobrança, eles pedem o seu acolhimento.* Um dia difícil não significa que sua vida seja ruim. Significa apenas que você precisa descansar a fim de processar tudo e reencontrar sua força para continuar.

Fique perto de pessoas que simplificam sua vida. Que deixa a sua caminhada mais tranquila e o seu coração mais feliz. A vida já nos traz diversos desafios, por isso não precisamos de gente complicada que bagunce nossas emoções. Precisamos de pessoas que nos façam bem e que tornem a vida mais leve de ser vivida.

Tenha orgulho da pessoa que você está se tornando. Você sabe das dores que superou, das lutas que venceu e dos sacrifícios que fez para estar onde está hoje. Não importa se isso foi reconhecido pelos outros ou não. *Toda a sua caminhada merece o seu aplauso.*

Não se diminua para agradar pessoas que não gostam da sua maneira de ser. Lembre-se de que o Sol não se esconde por causa daqueles que não apreciam sua luz e nem se desculpa por brilhar.

Não seja engolido por suas emoções. Aprenda a navegar sobre elas. Não é o que você sente que deve controlá-lo, mas você que deve aprender a gerenciar as suas emoções. *A maneira como direciona o que sente molda sua vida.*

Muitas vezes *a vida vai nos direcionar para outro lugar*, nos colocar em uma história diferente daquela que imaginamos para nós. *E isso pode ser lindo.* Porque este caminho diferente pode ser exatamente onde nossa felicidade está.

O fato de você colocar limites
que protegem a sua paz não te
torna uma pessoa ruim. Não
negocie o seu bem-estar apenas
para ser aprovado. Cuidar de você
é sua maior responsabilidade.
Quem não sabe respeitar você
e seus limites não é alguém
digno de estar ao seu lado.

A aparência pode impressionar os olhos, mas é a essência que encanta a alma. *Não há beleza externa que possa ser maior do que a pureza de um coração.* Porque em princípio a aparência pode atrair, mas só uma energia boa realmente conquista e faz alguém querer ficar.

As pessoas mais bonitas sempre são aquelas que nos abraçam por dentro, que nos fazem sentir bem apenas com sua presença, que possuem uma aura de afeto, bondade e luz. *A energia fala muito mais do que as palavras.* Porque uma coisa é certa: as aparências podem iludir, mas a energia jamais mente!

Eu espero que você aprenda
a confiar na vida, mesmo nos
dias que não compreender
o porquê de algumas coisas.
Espero que você continue dando
o seu melhor, mesmo quando as
dúvidas invadirem o seu coração.
*Espero que você lute pela sua
felicidade, mesmo quando estiver
cansado.* Pois, acredite, você se
orgulhará de ter continuado.

Pessoas boas também sofrem. Mas não ache que o seu coração bom é o motivo de tudo isso. Ao contrário, ele é o que te salva e te diferencia em um mundo de pessoas feridas que ferem os outros. *Lembre--se de que essa bondade está ajudando a curar o mundo e, acima de tudo, a curar você de feridas que não foram sua culpa.*

Não busque apenas a segurança. É necessário ter cautela, sim. Porém jamais se limite pelo medo. *É preciso pular o muro das nossas inseguranças para conhecer a terra onde nossos sonhos habitam.*

Persista na vida que você merece viver. Podemos abrir mão de pessoas, hábitos e lugares, mas da nossa felicidade, nunca. *Toda insistência em ser feliz vale a pena.*

Nem sempre entenderemos por que vivemos certas situações. Nem sempre teremos as respostas que gostaríamos de ter. Mas uma coisa é certa: independentemente do que passamos, *sempre podemos aprender algo com isso.*

Não podemos controlar tudo à nossa volta. Mas podemos sempre gerenciar a nossa reação ao que nos acontece. *O que fazemos diante das situações que chegam até nós é sempre muito mais importante do que aquilo que nos acontece.* Pois é a maneira como reagimos que molda nosso destino.

Perdoar não é sobre aceitar
pessoas de novo na sua vida.
Perdoar é sobre se libertar da dor
e da mágoa. Você pode perdoar
e ainda assim escolher manter
distância de algumas pessoas em
nome da sua paz. *Está tudo bem
em curar a ferida sem voltar a
dar acesso a quem te machucou.*

Não espere perder o medo para então dar o primeiro passo. Muitas vezes o segredo é caminhar, mesmo que o medo nos acompanhe. *O medo fará parte de nossa vida. Só não podemos deixar que ele guie ou impeça nossos passos.*

Você não precisa ser perfeito para se amar. Porque o verdadeiro amor-próprio nasce quando sabemos nos dar afeto e compaixão apesar de todas as nossas imperfeições. *Se amar não é concordar com seus pontos negativos, é acolhê-los para que então possa transformá-los.*

Treine a sua mente para sempre procurar o lado positivo de cada coisa e aprender com as lições de cada experiência e tudo que você viver será uma oportunidade de crescer um pouco mais.

As pessoas podem pensar muitas coisas sobre você. Mas é o que você pensa sobre si mesmo que conta. *É sua visão de si próprio que determina a maneira como age e responde às situações.* Só conquista seus objetivos aquele que, primeiro, se vê merecedor de vivê-los.

Cuidado com o que você diz para si mesmo. Aquilo em que você acredita tem poder. *Habitue-se a dizer coisas boas sobre si próprio.* Construa um diálogo interno de qualidade. Você viverá eternamente dentro de si. Faça do seu mundo interior um bom lugar para se viver.

Não tema os momentos de solidão.
Use-os para visitar a si mesmo.
Reencontre-se, reequilibre-
-se, reconecte-se. Faça do seu
contato consigo um momento
sagrado. É da solitude bem
vivida que nasce a sua força.

A cura é discreta e silenciosa. E também muitas vezes solitária. Mas não desanime. Ela acontece para todos aqueles que não desistem de si mesmos. E eu desejo que você persista na sua melhora e se cure: de tudo que diz, de tudo que não fala e de tudo que precisa.

A gente precisa aprender a respeitar o ritmo da vida. Nem sempre agir é a melhor solução. Existem momentos que a vida pede que esperemos e confiemos. Porque *há soluções que só aparecem quando acalmamos o coração e limpamos a mente para receber as respostas que precisamos.*

Reclamar não vai criar a vida que você quer, mas vai fazer você odiar a vida que tem. Trabalhe pela realização do que você deseja sem deixar de agradecer pelas bênçãos que já possui.

Quando você aprende a focar o que quer em sua vida, e para de dar atenção ao que não te acrescenta, *você começa a crescer e evoluir como nunca.*

Ninguém salva ninguém. Podemos auxiliar as pessoas que amamos, mas não assumir a responsabilidade pela vida delas. Podemos dar suporte, mas jamais ser uma muleta. E não devemos nos culpar por isso. *Amar é sobre saber ajudar sem nos esquecer dos próprios limites.*

Quando algo aperta o seu coração
é porque não deve estar em
sua vida. Seja um trabalho, um
relacionamento ou uma situação.
Porque *nada que te oprime é bom
para você*. Aprenda a afastar-se do
que te diminui. Na vida só devemos
dar espaço para o que nos expande.

Cada pessoa tem o seu próprio tempo, o seu próprio ritmo, o seu próprio caminho. Não menospreze sua vida se comparando com a vida do outro. Ninguém está na frente de ninguém. Sua jornada é bela, válida e incomparável.

*Para hoje não esqueça: respire
fundo. Desacelere. Se abrace.*
E diga que vai ficar tudo bem.
Às vezes, tudo o que precisamos
é do nosso próprio apoio
para acalmar o coração.

Enquanto não resolvermos as
feridas que habitam dentro
de nós, elas vão continuar
se projetando por fora.
Os ciclos vão se repetir até
que a lição seja aprendida e a
transformação seja feita.
O que não se cura se repete.

Não é errado desistir de algumas coisas que sentimos que não são mais para nós ou que não estão nos levando a lugar nenhum. O que não podemos é desistir de nós mesmos e da nossa felicidade.

Cairemos inúmeras vezes. Mas não somos definidos pelas nossas quedas. Porque o que faz a diferença em nossa vida não são as nossas falhas, mas a coragem de aprender, de evoluir e de tentar mais uma vez. *Pois vitoriosos não são os que nunca caem, e sim os que persistem apesar das quedas.*

De todas as coisas que a vida me ensinou, uma das mais preciosas lições é que tudo passa. E é isso que me dá a serenidade necessária nos momentos difíceis. *Não há dor que dure para sempre.*

Às vezes precisamos ficar em silêncio, tirar um tempo para cuidar de nós e nos reconectar com a sabedoria do nosso coração. *Reza a lenda que é exatamente quando nos afastamos dos barulhos externos do mundo que as respostas surgem em nossa calmaria.*

Você não precisa devolver na mesma moeda o que te fizeram e nem se tornar igual à pessoa que te machucou. Torne-se alguém melhor. *A mais sábia atitude que você pode ter em relação a alguém que te feriu é trabalhar pela sua cura.*

A sua maior missão é você. É o seu crescimento, o seu progresso, a sua evolução. Faça de si mesmo a sua maior meta, e tenha certeza de que, quando você cresce, tudo e todos aos seu redor crescem com você.

Pensamentos de luz são como faróis que iluminam sua vida. *Por isso não menospreze o poder de sua mente.* Quando sua vida estiver escura e difícil, alimente pensamentos positivos que te fortalecem. São eles que clareiam a sua caminhada.

Às vezes a nossa maior oração não se dá em palavras. Mas na confiança de que tudo tem sentido, na certeza de que a vida trabalha pelo melhor e na gratidão por tudo e por todos que chegam em nosso caminho e nos ajudam a crescer. *Todo sentimento bom é uma prece feita pelo coração.*

Há curas que só acontecem quando temos a coragem de *soltar o que não nos faz bem.*

Se valorizar é saber se colocar como prioridade. É entender que as suas necessidades não precisam ficar em segundo plano. *Você pode amar e ajudar os outros sem que pra isso precise se colocar em último lugar.*

Que tudo que você merece cruze
o seu caminho. Que as coisas
boas te encontrem sem demora.
Que as pessoas certas apareçam
na sua jornada. *Que o melhor
da vida te abrace, pois esse seu
coração gentil merece viver
tudo que sintoniza com ele.*

Quando perceber que está dando energia demais ao que não te acrescenta, lembre-se de que seus sonhos estão esperando a sua atenção para que eles possam se manifestar. *Não se distraia do que te faz crescer.*

Nossa vida também passa por estações emocionais. *Os momentos difíceis* são como invernos existenciais. Mas eles *também passam.* E nossa alma volta a florescer e viver a sua primavera.

Tudo que as pessoas dizem para
você só tem o peso que você dá.
Certifique-se de que não está dando
importância demais a palavras
que não te ajudam a crescer. *Você
só deve acolher no seu santuário
interior aquilo que te eleva.*

Você sabe que está ao lado das *pessoas certas* quando elas *te ajudam a crescer.*

Às vezes o problema não está lá fora, mas apenas na maneira que estamos vendo a vida. Olhar as situações com consciência é o primeiro passo para superar os nossos desafios e ver que *somos muito maiores do que nossas dores.*

Abandone tudo que te pesa, que te sobrecarrega, que não está ao seu alcance. Você perceberá que a vida fica mais leve quando abandonamos pesos desnecessários e nos permitimos seguir em frente sem julgamentos.

Há momentos em que precisamos estar sozinhos. *E não se trata de solidão no sentimento de isolamento.* Se trata de solitude no sentido de autoencontro. E, uma vez que fazemos isso, nunca mais somos os mesmos. É assim que novos ciclos nascem.

Um relacionamento amoroso, uma amizade e um convívio familiar não são constituídos apenas de bons momentos. Uma relação saudável também é feita de conversas difíceis, mas que buscam fortalecer e equilibrar essa relação. *Conversas difíceis ajudam a construir relações fortes.*

Nem sempre a colheita é imediata.
Nem por isso deixe de regar.
Porque muitas coisas crescem em
silêncio, sem serem notadas. Mas
nada é em vão. Tudo que você faz
por você volta para você. *Continue
regando o bem. Ele retornará.*

Seja fiel a si mesmo e aos seus princípios. *A sua essência é inegociável.* Você não precisa se moldar para caber no mundo. É vivendo a sua verdade que você encontra os espaços aos quais pertence.

Não espere o mundo e as pessoas mudarem para você ficar bem. Eles são o que podem ser. Nem sempre é a vida que precisa mudar. *Às vezes somos nós que precisamos mudar a forma de ver e interagir com a vida.*

Seja bom. Seja amável.
Seja gentil.
Dê ao mundo um pouco dessa luz que você carrega em você. *Quando você emana o seu melhor a primeira pessoa a ser iluminada com isso é você.*

A tristeza existe para nos lembrar de recalcularmos a rota. Ela nos faz rever o que não deu certo ou o que não está bom, para que possamos acordar para aquilo que realmente queremos. *Devemos sentir a nossa tristeza, mas jamais estacionar nela.* Ela é apenas um sinal que nos aponta que a felicidade está na direção contrária à qual estávamos indo.

Analise se os seus pensamentos te prendem ou te libertam. *Só nos realizamos na vida quando a nossa mente nos incentiva e nos permite voar.*

Quando for difícil desapegar do passado, pergunte-se o que ele ainda tem a lhe ensinar. Desapegamos de tudo que já foi quando aprendemos a lição que aquela experiência tinha a nos proporcionar.

Não sofra pelas impermanências.
É verdade que na vida nem tudo
fica. Mas podemos extrair alguma
coisa de tudo que já se foi. Há coisas
que se vão externamente, porém
permanecem dentro de nós. *Que a
gente saiba guardar interiormente
apenas o que faz bem ao coração.*

Não viva uma vida feita apenas de obrigações. É preciso encontrar espaço para aquilo que te faz bem. *A alma respira quando você faz coisas que lhe dão sentido.*

Histórias antigas não precisam ser definitivas. Não há como apagar o passado, é verdade, mas você sempre pode escrever um novo futuro. *Não é porque você seguiu um determinado rumo até aqui que ele precisa ser o mesmo.* Uma das maiores belezas da vida é que ela sempre nos permite escrever uma nova história pra nós mesmos.

O tempo passa, as coisas mudam, a gente se transforma. Nada permanece o mesmo. E que bom que é assim. É o movimento da vida que nos garante que nenhuma dor precisa ser eterna e que sempre encontraremos novas formas de ser feliz ao longo do caminho.

A gente vai precisar se reinventar inúmeras vezes ao longo da vida. E esse é o maior dom humano. Essa capacidade profunda de sobreviver, contornar obstáculos, se reinventar e aprender novos jeitos de ser feliz. *Por isso, se preciso for, reinvente-se.*

A beleza da vida está nas coisas simples. Nos contatos que engrandecem a alma, nos momentos de paz, nos aprendizados que nos ajudam a crescer, nas formas que o amor se veste para nos encontrar pelo caminho. *Por isso, rico de verdade é aquele que sabe aproveitar a magia que habita a simplicidade das coisas.*

Não seja definido pelas coisas
que te aconteceram. Não
deixe que dores do passado
moldem quem você é.
A sua vida é mais do que uma
situação difícil que ficou para trás.
***Você é muito maior do que tudo que
te aconteceu.*** Não deixe que uma
parte difícil da sua vida contamine
o restante da sua caminhada.

Não dê para a dor um poder que ela não tem. Não dê a ela a força para direcionar sua vida. A dor pode lhe despertar para a mudança e para a reformulação. Mas jamais controlar sua existência.

Não se prenda aos arrependimentos
do passado. Você agiu como podia,
dentro das condições que tinha.
Gastar sua energia pensando
em como as coisas poderiam ter
sido não mudará o que passou,
nem tornará a sua vida melhor.
O que transforma a sua vida
é o que você faz no hoje. *Faça
novas escolhas* com amor.

Use o passado para *aprender*, *não* para *sofrer*.

Você não pode controlar tudo à sua volta, mas pode controlar como isso te afeta. A importância que você dá às coisas dita o poder que elas têm sobre você. *Não dê a situações passageiras e pessoas que não te agregam o poder de perturbar o seu equilíbrio.*

Você não daria a chave da sua
casa para qualquer pessoa
entrar. Nosso mundo emocional
funciona da mesma maneira.
***Não dê acesso a quem você não
confia.*** Equilíbrio emocional
é sobre filtrar quem deixamos
entrar em nosso mundo interior.

Uma luz se acende dentro de você todas as vezes que *acredita em si mesmo.*

Eu sei que algumas pessoas te machucaram, que você passou por situações difíceis, que derramou lágrimas que custaram a secar. Porém, eu quero te dizer que você não precisa mais levar esse peso com você. *Viva uma vida na qual a dor e o passado não andem mais ao seu lado.* Deixe-os para trás. É preciso largar o ontem para abraçar o presente.

Opiniões podem alargar o nosso ponto de vista, ou até afetar nossa autoestima. Tudo depende da forma como a recebemos e do peso que lhe damos. Que nada que venha do outro chegue ao nosso coração sem ser bem filtrado e muito bem analisado. Que a gente só aceite receber aquilo que nos ajuda a melhorar.

Transferir o poder das nossas escolhas para outra pessoa é abdicar do controle da nossa própria vida. *Geralmente as escolhas mais difíceis que precisamos tomar são as mais transformadoras.*

Crescer assusta. Mudar assusta. Evoluir assusta. Todo processo de desenvolvido assusta, porque é sinal de que estamos aprendendo a quebrar padrões e superar as nossas sombras. *Sair da zona de conforto, desconforta. Porém permanecer nela nos atrofia.*

A escolha certa também dói. Já que muitas vezes essa escolha requer de nós atitudes que não gostaríamos de tomar, mas que precisamos. Porque a escolha certa não é a mais agradável no primeiro momento, ela é a mais necessária. Pois é ela que nos liberta.

Precisamos enterrar as histórias acabadas, *nos permitir vivenciar a tristeza do luto dos ciclos que se encerraram, e despertar a coragem para seguir em frente.* Mais do que finalizar histórias externamente, temos que colocar pontos-finais dentro de nós. Todo recomeço é uma nova oportunidade para ser feliz.

A gente só avança na vida quando *para de se agarrar ao que não nos deixa crescer.*

Não se assuste com as mudanças da sua vida. Nossas experiências são casulos que ajudam na nossa metamorfose emocional e no nascimento da nossa melhor versão. *Você não está perdido, você está se transformando.*

Temos que aprender a fazer pausas, diminuir as expectativas e as cobranças, nos perdoar pelo passado, parar de investir em algumas pessoas, agradecer pelo que temos, sorrir por bobagens, traçar novos planos. *Às vezes tudo que precisamos é de um tempo para organizar a mente e o coração.*

Nos tratar com *compaixão e carinho* sempre será a maior *prova de amor-próprio* que poderemos nos dar.

Nem todas as tempestades surgem para devastar, a maioria delas surge para limpar nossa vida do que não é mais necessário. Olhar as novas possibilidades em vez de focar as portas que se fecharam abre novos caminhos em nossa vida. *Novos mundos são criados quando nos abrimos aos recomeços!*

No fim, somos nós que temos
que pegar nossos aprendizados,
*usar nossa força interior e
cuidar das nossas feridas.*
Quanto menos esperamos que
os outros façam isso, e mais
assumimos essa responsabilidade,
mais rápida é a nossa cura.

O que a gente precisa é com paciência e carinho se abraçar por dentro. *E aos poucos colocar ordem nos pensamentos, arrumar as emoções, remendar sentimentos, redefinir a rota, traçar novas prioridades* e saber que, independentemente de quem esteja conosco ou não, a gente nunca vai se abandonar.

A superação se dá em estágios: revolta, aceitação, entendimento, aprendizado e perdão. A gente não supera quando esquece, *a gente supera quando entende que o passado não muda*, quando aprende com o que a gente viveu, quando focamos aquilo que queremos para nós daqui em diante.

Ninguém precisa e nem deve dizer sim para tudo, apenas para não ser julgado ou para ter a fama de ser uma "boa" pessoa. *A bondade também está em saber colocar limites.* O "não" quando bem usado sempre será um ato de amor e cuidado, tanto ao próximo quanto ao nosso bem-estar emocional.

Não ama mais aquele que valida tudo ou aplaude todas as posturas alheias. Ama de verdade aquele que sabe ser sincero, (sem intenção de ferir ou constranger, apenas de esclarecer), *aquele que sabe mostrar ao outro com delicadeza seus possíveis enganos e dizer não para o que lhe é nocivo.*

Não é fácil de desistir do que se ama, mas a gente precisa desistir do que dói. O amor não pode coexistir com o sofrimento. *Dores podem aparecer no percurso, mas precisam ser curadas e não potencializadas.* Tem vezes que o maior ato de amor é desistir do que nos faz mal.

Mais vale passar pela dor de romper com o que nos fazia mal para podermos crescer do que nos negarmos a ver a verdade e viver um sofrimento que não cessa. *Primeiro a verdade traz uma dor passageira, depois, propicia uma cura permanente.*

Aprender a ver a própria beleza é um processo de reencontro. Uma volta para si mesmo. E, quando fazemos isso e nos envolvemos com amor e carinho, toda a nossa vida se transforma. Pois a vida daquele que aprendeu a se amar nunca mais é a mesma.

Respeite a sua individualidade, as suas preferências e o seu próprio tempo. A sua missão não é chegar à frente de ninguém, mas aprender a reconhecer o que te faz bem e viver a vida que é mais significativa para você. Todo caminho é certo quando te faz crescer e é coerente com o que você carrega no coração!

Nenhuma crise vem para machucar, toda crise vem para despertar. *É a hora que a alma cansa de fazer coisas sem sentido, de estar com pessoas que não acrescentam ou de viver sem uma razão.* E não há quem saia de uma crise interna sem se transformar e fazer brilhar um pouco mais da sua luz.

Nem todo ensinamento precisa vir da dor. Todos podemos aprender e despertar a consciência pelas diretrizes sutis do amor. *Quando estamos atentos ao que a vida quer nos ensinar, não precisamos sofrer para aprender.*

Faça de você a sua maior meta e o seu maior compromisso e, então, a vida lhe mandará os instrumentos necessários para lhe ajudar a crescer. *Você é a atitude, a vida é a resposta.*

Repita comigo: "Eu não preciso ser aprovado por todos para ser feliz". *É libertador quando a gente entende que está tudo bem não agradar a todo mundo.* O mais importante não é ter a aprovação de todas as pessoas, mas, sim, ser alguém bom, digno e fiel à própria essência.

A mudança de padrões negativos não acontece repentinamente. Ela vem da soma de pequenas ações diárias. Uma vez iniciado esse processo, e se não desistir dele, tudo culminará na criação de uma nova vida. Pequenas mudanças constantes levam a grandes transformações.

Se você deu o seu melhor e não foi valorizado, se permita ir sem culpa. *Você não deve se castigar por seguir em frente e ir em busca do que é melhor pra você.*

Não preste atenção apenas ao que as pessoas dizem. Preste atenção a como elas te tratam. Mais importante do que aquilo que você sente por alguém é como essa pessoa faz você se sentir. *Fique ao lado de pessoas que fazem você se sentir bem.*

As suas camadas mais vulneráveis não são motivos de vergonha. *São elas que lhe tornam humano. Lembre-se de que ninguém está pronto, todos estão em eterna construção.* Por isso, não use sua energia para se julgar, mas para se lapidar e crescer. E não esqueça: faça isso com amor.

Que por querer amar e ser amado pelo outro, a gente nunca se esqueça de se amar também. Estar em uma relação afetiva com alguém que nos apoie é maravilhoso, mas *desenvolver uma relação sadia consigo mesmo é incomparável.*

Relacionamento não é muleta em que a gente apoia as nossas emoções. *Não cabe ao outro cuidar de nós, assumir as nossas necessidades ou fazer o trabalho interno que a gente não faz.* Autoestima, confiança e autovalorização são algo que ninguém pode nos dar, é a gente que constrói.

Que nada nem ninguém faça você desistir de si mesmo. Prometa-se que não importa o que te entreguem, ou o que te aconteça, você não permitirá que a imaturidade alheia, ou as tempestades da vida, te afastem dos seus sonhos e da felicidade que você merece.

O amor só é genuíno quando não precisa ser forçado. Ele nasce na reciprocidade, no carinho e na empatia. *Quando o afeto é natural, é ali que vale a pena permanecer!*

Tire de *você* esse peso de ser perfeito ou essa ideia de que não se sentir bem em alguns momentos significa que você não *está progredindo*. Isso apenas significa que você é humano, e está tudo bem: mesmo que tenha dias ruins, você ainda continua crescendo.

Renasça sempre que for preciso. *Acredite na força dos recomeços.* Dê uma chance para os novos caminhos, os novos amores, as novas experiências e se permita sonhar um sonho novo. Uma das únicas certezas da vida é que tudo muda. Permita-se recomeçar.

Tudo começa de dentro para fora. Só curamos nossa vida quando primeiro curamos nossa mente. *Se você quer uma mudança real, comece mudando a forma como pensa.*

Seja aquela pessoa que você gostaria de encontrar. Seja tudo que ninguém nunca foi para você. *Porque no final é você que fica, e é o seu amor que te sustenta quando não há ninguém ao seu lado.*

No tempo certo as tempestades se acalmam, as nuvens sombrias se dispersam, o Sol brilha novamente. *No tempo certo o que era bagunça vira ordem, o que parecia desencontro vira caminho, e, depois de se sentir perdido, a gente se acha novamente.*

Há aqueles que se curam no silêncio de suas reflexões. Outros no desabafo que esvazia a alma de suas dores. *Uns precisam de mais tempo para processar. Não existe tempo certo.* É o tempo e o jeito certo de cada um. Respeite a sua forma de se curar.

O importante não é você buscar ser perfeito, mas tentar ser melhor a cada dia dentro dos seus limites. É assim que você desenvolve o autoamor e aumenta sua autoestima e sua compaixão consigo mesmo. *Você está dando o seu melhor e crescendo mais do que pode ver!*

Se tem uma pessoa que vale a pena investir é na gente. *Pois a vida não é sobre encontrar alguém, é sobre se encontrar.* Porque a melhor fase da nossa vida começa quando a gente passa a cuidar da nossa energia e a fazer nascer o melhor que há em nós.

Confie nos seus sentidos internos. *Aquilo que toca o seu coração indica o seu caminho.*

É sempre preferível a dor
passageira do desapego do
que a dor permanente de ficar
agarrado ao que machuca.
Pela sua paz, deixe ir!

Diante de toda situação de dor a primeira pergunta a se fazer é: qual é a minha parcela de responsabilidade nela? *Não podemos controlar todos os eventos que nos ocorrem* e nem como as pessoas nos tratam, mas podemos eliminar as nossas atitudes e os padrões que nos ligam a pessoas e situações que nos machucam.

Quem quer ser feliz de verdade precisa saber que viver é passar por alguns arranhões emocionais. Ninguém pode sentir a vida intensamente construindo uma bolha ao redor de si para nunca ser ferido. *É importante ter cautela, mas jamais deixar o medo nos paralisar e nos impedir de viver.*

Crises são difíceis, mas geralmente são saltos para a nossa evolução. É aquele momento que fazemos força para quebrar a casca que nos prendia e renascer mais uma vez. *Um dia ainda agradeceremos por cada crise superada que nos permitiu abrir as portas de uma vida melhor.*

Quando a dor de ficar é maior do que a dor de seguir em frente, a mudança acontece. Porém não espere chegar ao limite do sofrimento para mudar. É muito mais fácil procurar compreender esses sinais que apontam o caminho do que esperar a dor chegar para dar o último aviso.

Mesmo que alguém nos peça perdão pelo que fez, é o ato pessoal de perdoar que nos cura. É a alquimia interior de transformar a dor em lição, a mágoa em compaixão e as dificuldades em força emocional que nos transforma e traz a cura que merecemos.

Precisamos entender que muitas vezes o que estamos passando é só um "mau pedaço" de um belo caminho, e tudo que a gente precisa é persistir um pouco mais. *Os caminhos que nos levam à vitória não são perfeitos. Mas são realizadores!*

*Lembre-se: pessoas que escolheram
sair da sua vida não são perdas.*
São uma maneira da vida te libertar
do que não te fazia bem e abrir
espaço para quem realmente
vai chegar e escolher ficar.

Não é a quantidade, é a qualidade.
Não é a pressa, é a constância.
Aprenda a respeitar os seus limites. Você não precisa fazer tudo de uma vez. Mas, se você focar uma coisa de cada vez, provavelmente conseguirá atingir o resultado que busca. Pois a vida não se dá em saltos, ela se concretiza em um passo de cada vez.

Antes de achar que não está avançando, olhe para trás e veja o quanto você caminhou, as situações difíceis que superou, as lições que aprendeu, os dons que despertou, as dores que conseguiu curar. Mesmo que você ainda não tenha chegado aonde quer, *você já foi mais longe do que pensa.*

A sua força te trouxe até aqui e te levará a lugares que você nem imagina. Porque dentro de você existe uma capacidade infinita de superar qualquer situação. *Por isso se parabenize, se celebre e se orgulhe da sua trajetória. Ela é única!*

Desejo que você se cure das desculpas que nunca lhe foram dadas, da valorização que não recebeu, da gratidão que não lhe deram, do reconhecimento justo que não lhe foi oferecido, de todas as vezes que você mereceu receber o melhor e ele não chegou até você. *Não é preciso levar essas dores consigo.*

Tudo na vida é passageiro. *Nada nos pertence além de nossos sentimentos.* Nossa felicidade está na nossa capacidade de sentir e não no que ou no quanto pensamos possuir.

Não desperdice sua vida tentando se encaixar. Você não veio a este mundo para se tornar igual aos outros, ou para ser aceito por pessoas que não valorizam a sua verdade. *A maior contribuição que você pode dar ao mundo é ser você.* E ninguém mais pode fazer isso.

Ninguém deve ficar preso
a algo que hoje faz mal só
porque um dia foi bom.
*Aceitar a mudança é
se abrir para a cura.*

Nossa alma é nossa casa e nosso corpo é nosso templo. Não é qualquer pessoa que pode ter acesso. *Autocuidado é sobre ficar atento às conexões que fazemos.* Sempre vale mais uma solidão que nos fortalece do que uma companhia que nos diminui.

Toda dor é um sinal, um efeito que nos faz olhar para a causa a ser trabalhada. *Ela não é a inimiga, é a mensageira.* Toda chegada da dor é um convite à transformação que, quando ouvido, revoluciona nossa vida.

Pensamentos não devem ser absorvidos, devem ser observados e filtrados. Devem ser encarados como visitantes, pois é disso que eles se tratam. *Só vive bem aquele que seleciona com sabedoria os pensamentos que lhe habitam.*

Uma regra que vale para a vida, para qualquer tipo de ajuda. Antes de oferecer suporte ao outro, certifique-se de que você está cuidando de si mesmo. *Não há como ajudar alguém se esquecendo de si.*

É um engano fazer demais
pelos outros acreditando que os
outros farão por você. Muitos
retribuirão, outros não. *Devemos
fazer o bem pelo bem, e saber
que a vida sempre nos dá o
retorno de alguma maneira.*

O segredo é saber escolher bem o que levamos em nosso coração. A bagagem que levamos define muito sobre a existência que temos e aonde queremos chegar. *Que nos lembremos sempre de esvaziar a mala interior do que é inútil e carregar conosco aquilo que torna a nossa trajetória mais bela.*

Não foi a dor que te tornou mais forte. Foi a sua capacidade de lidar com ela e de aprender com as suas experiências. O mérito da superação é seu.

Nem sempre a atitude do outro é algo pessoal. Às vezes o outro apenas está agindo dentro dos seus limites e da sua humanidade. ***Nem tudo é sobre você.*** Quanto mais entende isso, menos mágoas você alimenta e menos feridas acumula.

Existe uma paz que só sentimos quando sabemos que fizemos a nossa parte. Por isso, não sofra mais por coisas que não dependiam só de você. *Repouse na tranquilidade que só sente aquele que sabe que fez o que estava ao seu alcance.*

Use como mantra diário: "Tudo foi do jeito que podia ser". *Não sofra mais com o passado que não pode ser mudado.* Quando você para de criar cenários imaginários do que poderia ter acontecido, e aceita que tudo foi do jeito que tinha que ser, você ganha a paz que o seu coração merece.

Não pense que você só será feliz quando estiver completamente curado ou evoluído. *Você pode ser feliz enquanto se cura de suas dores, mesmo carregando suas imperfeições.* Porque a felicidade é uma experiência humana, não um estado reservado para uma perfeição que não existe neste mundo.

Não se prenda ao que foi. As coisas jamais serão como antes. A vida é irrepetível. O que não significa que o novo não possa ser belo também. *A felicidade não mora apenas no passado.* Ela não cansa de reaparecer em nossas vivências para aqueles que estão abertos a serem felizes de novo.

Diante da dor,
lembre-se de que:
dói, mas passa.
Desconforta, mas nos ensina.
Leva um tempo, porém cura.
Nada é eterno.
Nada é por acaso.
Nem mesmo a dor.

A felicidade só pode ser encontrada por aqueles que enxergam as coisas como são e não como queriam que elas fossem. Quando nos iludimos e não queremos ver a vida e as pessoas como são, *desiludir-se não é um castigo, mas uma libertação.*

Quem você seria hoje se tivesse vivido apenas o que lhe fosse fácil e agradável? É no desconforto que a gente se move. É quando a vida nos desafia que a gente cresce. *É no movimento e na busca de algo maior que a gente se realiza.*

Não é porque algo acabou que não deu certo. A qualidade de algo não está no tempo que durou, mas naquilo que te ofereceu enquanto existiu. *Se você viveu algo que te ajudou a crescer, acredite, deu certo.* Mesmo que tenha terminado. O crescimento foi levado com você.

A vida do outro não é melhor do que a sua só porque você não enxerga as dores que o habitam. *Não compare os bastidores da sua vida com o palco da vida alheia.* Cada um está vivendo seus próprios desafios, suas dores e alegrias. Nem melhores, nem piores. Apenas diferentes e dentro do que cada um precisa viver.

A comparação com o outro não te ajudará a crescer, mas fará você acreditar que sua vida é errada. Não se compare. Inspire-se naqueles que te estimulam a ser melhor. Porém, jamais menospreze a vida que você tem e tudo que já conquistou comparando-se a uma vida que não é sua. *O seu caminho é o mais certo pra você.*

A sua saúde mental muitas vezes vai exigir pausas importantes, afastamentos necessários, limites bem traçados e uma necessidade de se priorizar, mesmo que seja julgado por isso. *Jamais negligencie atitudes vitais para o seu equilíbrio apenas porque são desconfortáveis.* Seu bem-estar depende disso.

Tudo aquilo para o qual você direciona sua energia te afeta e controla a sua vida. Isso vale tanto para coisas negativas quanto para coisas positivas. Por isso, *fique bem atento para onde está indo a sua atenção.* É preciso colocar energia no que nos faz bem para que o melhor se manifeste para nós.

O que cura de verdade não é
o tempo, é o amadurecimento
adquirido, a nova maneira de olhar
a vida, o esforço que temos para
ressignificar o nosso passado.
*A vida passa e ninguém se cura
enquanto continua preso às
lembranças do que já foi.* A cura
só começa de verdade quando a
gente para de cutucar a ferida.

É ilógico se decepcionar com alguém por não corresponder ao que imaginamos dele. *As pessoas são o que são. Elas não têm a obrigação de corresponderem às nossas fantasias.* Temos o direito de não querer ligação com algumas pessoas, porém jamais de moldá-las às nossas expectativas.

Paz não é a ausência de desafios.
Paz é um estado mental. É a
confiança na própria capacidade
de lidar com qualquer situação.
É a certeza de que tudo passa
e que há sempre uma maneira
de lidar positivamente com
o que nos acontece. Paz é
uma postura interior que
vem de dentro para fora.

Talvez alguém tenha dito que você não era capaz, e você aceitou isso e viveu a partir dessa crença. *Mas lembre-se: isso é só um pensamento para o qual você um dia deu poder.* E pensamentos podem ser mudados. Passe a acreditar que você é capaz e verá o poder que uma crença positiva tem para mudar sua vida.

Nem sempre a ferida vem do outro. Muitas vezes vem da nossa insegurança descontrolada, do nosso ego inflamado, dos conflitos que não resolvemos dentro de nós. Qualquer arranhão externo fere nossas emoções. *Cuide das feridas internas para não sangrar em quem não nos machucou.*

Se você quer evitar o desperdício de sua vida com o que não te faz feliz, repita sempre: *o que não está alinhado aos meus propósitos não merece a minha energia e atenção*. Praticar isso sempre te recolocará no caminho certo.

Quando você passa a dar a si mesmo um pouco mais do amor, da atenção e do cuidado que esperava que os outros te dessem, *você compreende que muito do afeto que procurou por todo esse tempo era, na verdade, o amor que você precisava dar a si próprio.*

Você precisa aceitar que há coisas que não pode controlar. Você não pode controlar como as pessoas agem, o que elas sentem ou como algumas situações vão acontecer. *Faça o seu melhor, se adapte à realidade e gerencie o que sente.* A única coisa que pode estar ao seu controle é você mesmo.

Os maiores limites não são externos, são internos. São as limitações que nós mesmos nos colocamos. Até onde você iria se acreditasse mais em si mesmo? Se você se amasse um pouco mais? Se tivesse a ousadia de tentar?
As pessoas que se realizam não são as mais especiais, são as que têm a coragem de acreditar em si mesmas.

Se cobre menos, se julgue menos, se compare menos. Subtraia da sua vida todo hábito negativo. *Aquele que não é positivo consigo, tampouco cria uma vida positiva pra si.* É preciso criar um espaço sadio por dentro, para manifestá-lo fora também.

Priorize momentos de paz e de silêncio. Faça pausas. Tenha encontros consigo próprio. *Desacelere a vida. Aquiete a mente e o coração.* Ter momentos de solitude para apreciar a própria companhia é fortalecer a alma.

Não espere que a paz venha de fora. *Se dê essa paz.* Pare de brigar com a vida, de tentar mudar pessoas, de julgar a si próprio, de se culpar, de tentar controlar o que não está ao seu alcance. Pacifique a sua mente e o seu mundo interior. *A paz é, acima de tudo, uma atitude interior.*

Esteja aberto para viver coisas boas. Normalizamos tanto as coisas negativas que desconfiamos da felicidade. Mas todos somos merecedores do que é bom. Aceitar que podemos ser felizes, que merecemos do melhor, que não há nada de errado em viver bem, é o primeiro passo no caminho de uma vida feliz.

Passaremos por alguns desafios, viveremos algumas situações difíceis, porém isso não significa que a vida é ruim, e sim que algo que precisa ser resolvido. Não veja uma experiência como um problema e sim como um desafio. ***Não é um obstáculo, é um exercício***. A vida fica melhor quando entendemos que tudo estimula nosso crescimento.

Se você aceita um conselho: não desperdice seu tempo pensando em quem te machucou ou se concentrando na sua ferida. Coloque essa energia na sua cura. *Cerque-se de quem te faz bem, faça coisas que ama, trabalhe pelos seus sonhos e pela sua evolução.* Para se curar se envolva com tudo que lhe afaga a alma e o coração.

Culpar alguém não vai mudar
o passado ou curar a sua dor.
Porém lhe deixará mergulhado
na amargura. Apenas solte e siga
em frente. Entenda que cada um
oferece o que tem e recebe o que
planta. *Abandonar as mágoas
e as culpas e se concentrar
na sua vida é o melhor jeito
de superar todas as dores.*

Muitas vezes você não se sentirá apoiado, mesmo por aqueles que mais ama. Porque há momentos em que é do nosso apoio que precisamos. ***Nem sempre as pessoas poderão estar do nosso lado.*** Mas, enquanto crermos em nós, todos os nossos sonhos serão possíveis.

Haverá momentos em que você se sentirá só com sua dor. Não porque você não seja amado pelas pessoas. E sim porque *só você pode cuidar do seu mundo emocional.* Ninguém sente o que você sente. Assumir a responsabilidade de cuidar de si é a maior revolução interior que você pode se dar.

O **autoconhecimento** começa
quando você se questiona acerca
do que sente, do que quer e do que
acredita. *É o que te permite saber
quem você é*, para onde está indo.
Ao ter a coragem de se conhecer,
você descobre a vida que quer
criar, não se permite distrações
e sabe bem quem merece
compartilhar essa vida com você.

Tenha paciência com você e com a vida. O imediatismo é um dos grandes ladrões da nossa paz. Tudo tem o seu devido tempo: o tempo de plantar, o tempo de crescer e o tempo de colher. *Respeitar os tempos da vida é fazer as pazes com a existência e serenar o coração.*

Um propósito te dá mais do que uma direção na vida. Ele fornece sustentação. É ele que te segura e te mantém de pé mesmo nos dias ruins. É ele que te faz suportar e superar as situações mais difíceis. *Tenha o seu propósito bem definido e nele você sempre encontrará a força que precisa para continuar.*

Todo poder de mudança está em você. Na sua atitude, nos seus pensamentos, na sua decisão de ser diferente. Você é autor da sua história. Não transfira essa responsabilidade para ninguém, nem se coloque como refém das circunstâncias. *Uma atitude diferente hoje muda o seu amanhã.*

Deixe ir suas crenças limitantes, os pensamentos e *os padrões negativos* que um dia controlaram a sua vida. É a hora de assumir um novo padrão. Deixe essa sua nova versão nascer e orgulhe-se de quem você está se tornando. Esse *seu novo "eu" vai surpreender a todos* positivamente.

Toda essa ansiedade que você sente pode estar vindo da sua vontade de mudar de vida. Mas tenha calma. Não se apresse e nem se julgue. Apenas caminhe no seu ritmo. ***Tudo tem um tempo certo.*** Você não precisa apressar a mudança. Apenas persistir nela, e saber que tudo dará certo quando você confia em si.

Tudo na vida muda e se transforma. Por que não a gente? Se permitir mudar é se dar o direito de ser diferente, de seguir novos caminhos e de perceber que a felicidade geralmente está a uma "mudança" de distância.

Não encontraremos algo diferente percorrendo velhos caminhos. *Se queremos ver novas paisagens e chegar a novos destinos precisamos ter a coragem de ir por outras estradas.* Para encontrar o que você busca talvez você precise também arriscar ir por novas direções.

Definir limites para as pessoas que você ama jamais vai destruir conexões reais. Porque quem te ama de verdade não quer te usar, quer o seu bem. *Limites saudáveis sempre vão separar quem gostava de você de quem apenas se aproveitava de ti.*

Uma vez que você passa a se amar, sua vida nunca mais é a mesma. Algumas pessoas se afastam de você. Mas apenas quem não acrescentava. Novas pessoas chegam, mudanças acontecem e tudo se transforma. Porque aprender a se amar é como *nascer pra uma nova vida. Pra vida que você merece!*

Tenha cuidado ao analisar a vida e a si mesmo em momentos de tristeza. *Nosso julgamento é sempre equivocado se estamos enxergando nossas experiências pela ótica da dor.* Antes de julgar, espere a tempestade acalmar. É preciso estar com a mente calma e limpa para ver as coisas com clareza.

Se o seu coração sentiu paz,
se lhe fez bem, se lhe ajudou
a crescer sem prejudicar
ninguém, *a escolha foi certa.*

A vida muitas vezes muda do dia para a noite. *Precisamos estar prontos para o imprevisível.* E não fazemos isso tendo medo do amanhã. *Fazemos isso nos fortalecendo por dentro.* Nos amando, nos reequilibrando e educando a nossa mente para aprender com cada experiência.

É necessário entender que passar por algumas frustrações faz parte da vida. Não é uma força conspirando contra nós. É a realidade que nos mostra que ninguém tem tudo que quer, do jeito que quer, na hora que quer. *Realizações e frustrações farão parte da vida.* Manter o equilíbrio entre uma e outra é a chave da maturidade emocional.

Aquiete o coração, silencie sua mente, tranquilize sua alma. Algumas coisas levam tempo para acontecer. Por isso, dê o seu melhor e relaxe. Nada está fora do lugar. Tudo está sendo como precisa ser. Quando você alinha o "fazer" e o "confiar", tudo chega na hora certa.

Solte. Desapegue.
Para que forçar o que já não se encaixa em sua vida? Se tornar dependente de algo que não nos faz bem é como construir grades em torno de si mesmo.
Nos tornamos prisioneiros daquilo que queremos possuir.
É preciso soltar para se libertar.

Observe os sinais da vida.
No fundo a gente sempre sabe quando algo é pra nós, quando um ciclo chegou ao fim, quando é hora de mudar, se uma pessoa faz ou não nos faz bem. Ter a coragem de enxergar os sinais da vida é encontrar atalhos para felicidade nos detalhes que a vida nos mostra pelo caminho.

Se você tem que deixar de ser quem é para alguém ficar, é porque essa pessoa não é para você. *Sim, temos que melhorar e eliminar hábitos nocivos.* Porém, sem jamais nos esquecer de viver a nossa verdade. O amor nos tornará melhores, mas jamais vai nos fazer deixar de ser quem somos.

Não é porque você não consegue enxergar um caminho ou uma solução hoje que isso signifique que eles não existam. *Tenha paciência e persista.* A resposta sempre aparece para quem não desiste de buscá-la.

Ver a vida com mais leveza é preciso. Muitas tempestades estão apenas em nossa mente. E isso não é menosprezar o peso das nossas vivências, mas entender o poder que nossos pensamentos têm. *Enxergar tudo com clareza nos permite não sofrer por cenários que nós mesmos criamos.*

Não existe um "felizes para sempre".
Existem momentos de felicidade,
assim como outros desafiadores.
Que saibamos aprender com
os momentos difíceis e estar
inteiros e atentos quando a
felicidade bater à nossa porta.
*Saber extrair o melhor de cada
situação é a arte de viver bem.*

Não busque agradar. *Busque ser bom e estar com a consciência tranquila.* Os julgamentos dos outros não afetam aquele que está em paz consigo mesmo e com a vida.

Emoções não se varrem para debaixo do tapete. *Nossas emoções são sinais.* Ignorar o que sentimos é perder o norte da vida. Quando acolhemos nossas emoções, elas nos relevam a origem dos nossos conflitos e o que fazer para crescer. *O sentir é uma bússola interior que nos aponta o caminho certo a seguir.*

Quando a motivação não aparece
é a constância que nos salva. Não
estaremos motivados todos os dias.
Porém é o nosso comprometimento
com nossos sonhos e nosso
progresso que nos faz agir. *Por nós e
para nós.* Porque a nossa felicidade
merece nosso compromisso.

A vida que queremos viver vai nos exigir sacrifícios. *Mas sacrifícios necessários nos propiciam realizações transformadoras.* Pois, às vezes, temos que atravessar caminhos difíceis para podermos chegar a destinos realizadores.

*Uma hora o coração entende
que merece paz e ganhamos a
coragem de seguir adiante e cortar
os vínculos que não faziam bem.*
Esse é um dos momentos mais
transformadores da nossa vida.
O momento em que, apesar de
amarmos alguém, entendemos que
precisamos nos amar primeiro.

Às vezes a vida vai nos chacoalhar, fazer desmoronar algumas coisas, afastar algumas pessoas, não para que a gente sofra, mas para que a gente mude. Para que possamos nos mover em direção ao que amamos. *Constantemente a situação difícil que vivemos é exatamente aquela que nos desperta, nos transforma e nos leva a algo melhor.*

Uma *vida cheia* demais torna-se vazia se você não acha *tempo para fazer* coisas que tornam *a sua alma feliz.*

Uma vida de sucesso não é uma vida ocupada demais, é uma vida em que você se sente realizado com o que faz e encontra tempo inclusive para você.
É preciso ter cuidado para avaliar se você não está sendo sugado exatamente por aquilo que acredita que está tornando a sua vida melhor.

Não há por que nos envergonharmos de nossas versões passadas. Elas também fazem parte de nós. É só quando as acolhemos, as perdoamos e as amamos que nos permitimos integrar cada "Eu" que já fomos e fazer nascer uma versão melhor de nós mesmos.

O amor exige coragem, mas recompensa os ousados. Não os inconsequentes, apressados, carentes, que mergulham em qualquer pessoa para não encararem as próprias emoções. Mas aqueles que buscam o amor sincero e que sabem que para a relação dar certo, mais que desejo, é preciso compromisso.

Toda dor tem seus estágios.
Primeiro ela desconforta,
depois nos desperta e, por
fim, quando compreendida,
ela nos transforma.

Você vai conseguir superar. Na sua hora, no seu tempo, com a força do seu trabalho e esforço interior. ***Ninguém foge da evolução.*** Respire fundo, se cobre menos, controle o medo e a ansiedade. Você está em construção, então aprecie e o seu processo... ***você vai conseguir!***

Nem sempre não ter aquilo que queremos é ruim. Os "nãos" da vida costumam ser grandes redirecionamentos. *Muitas vezes o "não" que hoje nos causa tristeza está nos protegendo do que não é pra nós e nos levando para os lugares que verdadeiramente nos pertencem.*

O passado não deve nos dominar, nos limitar e nem nos prender. Ele deve ser um mestre que transforma o nosso eu de ontem numa versão melhor e mais madura, pronta para viver experiências melhores com mais sabedoria.

Inteligência emocional também é sobre nos afastarmos de pessoas que nos tornam emocionalmente doentes.

Jamais confunda saudade com apego. Saudade é a recordação boa daquilo que se viveu. Apego é se agarrar ao que passou e se recusar a seguir em frente. *Podemos sentir saudades.* Porém que ela jamais nos cegue para as bênçãos do presente e para as maravilhas que os novos ciclos têm a nos proporcionar.

Quando uma pessoa não tem
consideração por você, não é
sinal de que você errou, é sinal
da imaturidade dessa pessoa.
Então não se culpe pela falta
de maturidade dos outros.
Orgulhe-se do seu caráter
e do seu coração bom.
*Lembre-se: você não é
para todos.*

Erros fazem parte da caminhada. Tropeços são reflexos da sua condição humana. *Cada erro também está nos educando a ser melhores.* Eles não nos tornam inferiores, eles no ensinam. Por isso, não se julgue pelos seus enganos. Tenha a humildade de aprender com eles.

Ninguém depende de alguém específico para ser feliz. *O ser humano precisa fazer trocas.* Porém, pessoas vêm e vão. Jamais coloque a sua felicidade ao redor de um único indivíduo. Você pode conviver com o outro. Mas a única pessoa da qual a sua felicidade depende é você.

Como é bonito quando a gente vê
que o fim de algo não é o fim de
tudo. Se reinvente, pense diferente,
se ame mais, insira práticas
em sua vida que alimentem sua
mente e sua alma. *A vida tem seus
finais, mas também tem belos e
transformadores recomeços.*

Uma atitude diferente hoje muda o seu amanhã. *Aquilo que você tanto sonha está nesse trabalho diário e constante, na soma dos pequenos esforços.* Quando você visualiza uma vida diferente e se move em direção a isso, tudo muda para melhor.

Saiba que seu coração conhece o
caminho. Quando tiver dúvidas
sobre a decisão certa a tomar, feche
os olhos e pergunte ao seu coração.
Não falo das paixões e emoções
tumultuadas. Falo da sabedoria
que vem de dentro, da força da
intuição que lhe aconselha sempre.
Lembre-se: o mais sábio
mestre habita em ti.

Acalme o seu coração, respire fundo e lembre-se de que isso é só uma fase. Esse momento difícil que você pode estar passando não define a sua vida. Essa situação não veio para lhe machucar, veio para lhe fortalecer. *Creia no propósito de cada situação e continue fazendo o seu melhor.* A vida cuidará do resto.

Fases difíceis
são passageiras.
*Aprendizados
são eternos.*

Sentir-se grande não é sobre sentir-se maior do que os outros. Tampouco é sobre se achar completo. É sobre saber que ainda está em crescimento, mas sem ter medo de mostrar a sua luz. *Ninguém contribui com o mundo se diminuindo.* Por isso, não esconda os seus dons. O mundo também precisa deles.

Quando aprendemos que nós estamos onde nossa mente está, *percebemos que focar o positivo é mais do que pensar,* é encontrar bons lugares para nossa alma morar.

Quando tiramos o foco da dor, ela vai perdendo o poder sobre nós. *E não se trata de fingir que algo não nos machucou, mas de continuar apesar da ferida.* Muitas vezes o que cura os machucados internos é tirar um pouco o foco deles e lembrar que existe vida para além da dor.

Se sentir perdido na verdade é um chamado da vida para que encontre o que realmente te faz sentido. Faça isso eliminando da sua existência tudo que não tem a ver com você. *Pare de tentar viver uma vida que não é sua.*

A gente se reencontra quando para de tentar viver o que os outros querem para nós e *vivemos o que nosso coração quer de nós.*

Tudo na vida tem um porquê. Porém, mesmo que você não compreenda os motivos do que viveu, ainda assim, pergunte-se: *o que posso aprender com isso para me tornar melhor?* Nem sempre entenderemos os propósitos de nossas vivências, mas sempre poderemos aprender com elas.

Você não precisa provar nada para ninguém. Nem chegar a algum lugar para mostrar algo. Você não está aqui para dar uma resposta aos outros. Você está aqui para viver o que te faz sentido. *Busque chegar aonde quer. Não por alguém, mas por você!*

Muitas vezes as feridas adquiridas na infância ainda machucam e influenciam nossas atitudes. Mas lembre-se: tudo isso já passou. Hoje, a maturidade possibilita que analise tudo com um novo olhar. Acolha sua criança interna e diga: eu me vejo, eu me acolho, eu me perdoo, eu me aceito, eu me amo! *Sua criança interna precisa do seu afeto.*

Não deixe que dores do passado
te impeçam de amar de novo, de
tentar de novo, de viver a vida.
*Não permita que feridas antigas
direcionem as suas escolhas.*
O passado não serve para te
bloquear, e sim para te ensinar.
Aprenda com ele sem deixar
que ele te limite. O novo merece
ser vivido em sua plenitude.

A vida recompensa os corajosos, os ousados, aqueles que buscam o melhor. Mesmo que muitas vezes caiam, igualmente se levantam e conquistam o que querem. Porque ninguém vive o novo permanecendo onde está. *É na coragem de buscar uma nova vida que uma nova existência se faz.*

Osho disse uma vez: "Mesmo antes de um rio cair no oceano, ele treme de medo. Mas o rio precisa se arriscar e entrar no oceano. E somente quando ele entra no oceano é que o medo desaparece". Assim é a vida. *Muitas vezes o único meio de o medo desaparecer é enfrentá-lo.*

Esteja preparado para que duvidem de você, para que te questionem, para que tentem fazer você desacreditar de si. *Não espere por aplausos ou apoio. Esteja firme no seu propósito.* Enquanto sua convicção em si e sua fé na vida forem inabaláveis, nada poderá te parar.

Não pare, descanse. *Talvez você só precise de um tempo para se reconectar, repor suas energias e reorganizar sua caminhada.* Pois no fundo esse cansaço é apenas a vontade de eliminar o que não te serve mais e encontrar o que te pertence. Ao descansar e eliminar pesos desnecessários, você reencontra sua força para continuar.

Olhe tudo na vida com um olhar espiritual. Ter essa visão espiritual não é sobre religião, é sobre olhar a vida sabendo que tudo te ensina, te aprimora, e que cada experiência serve a um propósito. Você não está sozinho, confie que dentro de ti existe a capacidade para superar tudo. *Ter um olhar espiritual é reconhecer a divindade em você e o milagre que a vida é.*

Precisamos também aprender a nos perdoarmos pelos nossos próprios enganos. Estamos todos em crescimento e muitas vezes nesse processo tropeçamos em nossa própria humanidade. O autoperdão é o entendimento que nos liberta para aprender e tentar de novo. *Por isso, por amor a você, se perdoe.*

Feliz é aquele que perdeu o medo de ser julgado, que já não vive para agradar, que não espera o reconhecimento do mundo, mas, sim, a paz da sua própria consciência. *Aquele que entendeu que o maior objetivo é estar em paz com o seu coração encontrou o caminho pra viver bem consigo mesmo.*

Às vezes a gente precisa apenas aceitar. Aceitar que não podemos mudar o outro, aceitar que o passado foi como podia ser, aceitar que algumas coisas não dependem de nós. Aceitar é ter a sabedoria para compreender que aquilo que não podemos mudar não merece a nossa energia, e tampouco vale o preço da nossa paz.

É preciso ser flexível. A vida é sobre adaptações. *Quando as coisas não são do jeito que queremos, precisamos pensar em novos modos de reagir a isso.* Se adaptar não é sobre se conformar. É sobre parar de brigar com a vida e aprender a ter novas atitudes, a fim de encontrar novas saídas.

Não se acostume ao que dói, ao que machuca, ao que oprime, ao que te diminui. Na vida nunca devemos nos acostumar ao pouco e nem à dor. Eles são sinais para a mudança, jamais para a permanência. Quando o desconforto chega, é porque está na hora de mudar.

Se você buscar viver apenas aquilo que lhe for familiar e confortável, é muito provável que não encontre algo diferente de tudo que viveu até hoje. Tudo que é novo e diferente nos desafia. *No entanto, é exatamente o que nos faz crescer.*

Algumas pessoas vão optar por enxergar você por uma perspectiva equivocada. E não é preciso provar o contrário. Não há a necessidade de convencer alguém a gostar de você. *Se alguém escolheu não te enxergar de verdade, apenas siga seu caminho.* Pois a sua luz e a sua verdade sempre encantarão os corações certos.

Não espere que alguém reconheça
que errou, que lhe peçam perdão ou
reparem os erros que cometeram
com você. Algumas pessoas nunca
vão reconhecer os seus equívocos.
E você não precisa disso para
se curar. Pois você não se cura
a partir do outro. *Você se cura
seguindo em frente, perdoando
em silêncio e investindo em você.*

Menos julgamento e mais entendimento. Não é a crítica que te faz crescer. É uma análise consciente que te eleva. Quando você separa as atitudes que te ajudam a crescer daquelas que bloqueiam sua vida, você encontra a chave da mudança que sua vida precisa. Só a compreensão permite a transformação.

Ser feliz não é uma questão de encontrar alguém, é uma questão de se encontrar. *Dedique seu tempo a cuidar de si mesmo e a investir nos seus sonhos.* Quem for para chegar virá naturalmente. Não para lhe fazer feliz, mas para somar com a felicidade que você já aprendeu a construir dentro de si.

Se despeça das suas versões antigas com carinho e gratidão. Elas podem não te servir mais hoje, mas foram importantes pra você chegar aonde está.

A vida passa depressa demais para não aproveitarmos o presente. Para não vermos as bênçãos que nos cercam, para não amarmos intensamente, para não sermos gratos pelo que temos. O hoje é sempre o melhor momento para amarmos um pouco mais, aprendermos um pouco mais, compartilharmos um pouco mais e nos reconectarmos com o que é importante de verdade.

Ser intenso não é sobre ser precipitado. É sobre não ter medo de se conectar com as próprias emoções e ser verdadeiro com o que sente. *Ser intenso é sobre ser inteiro e viver cada situação de corpo e alma sem precisar se diminuir para caber na vida de alguém.* Ser intenso é não aceitar viver a vida pela metade.

A vida não é apenas algo físico, a vida é mental. Não importa onde seu corpo esteja, você estará sempre dentro da sua mente. Ela é sua eterna companhia. *Filtre seus pensamentos e organize sua casa interna.* Ela é a morada da qual você jamais sai. Uma mente equilibrada sempre será o segredo de uma vida plena.

Encarar a realidade é se deparar com verdades difíceis. Porém, negar alguns aspectos desconfortáveis não faz com que eles desapareçam da nossa existência. *Só podemos mudar aquilo que temos a coragem de enxergar.* Quando reconheço o que precisa ser mudado eu dou início à cura de que preciso.

Muitas das nossas aflições surgem porque queremos resolver tudo de uma vez e nos frustramos com nossos próprios limites. *Mas se aceitarmos nossas limitações e nos dedicarmos a resolver uma coisa de cada vez*, a darmos um passo de cada vez e respeitarmos o tempo das coisas, não só ganharemos paz como *chegaremos mais longe* do que imaginamos.

Lembre-se de tirar um tempo para respirar fundo. De fazer pausas. De relaxar os ombros. *De silenciar a mente.* Alguns minutos por dia de autocuidado com seu mundo interno transformam a sua vida inteira para melhor.

Fique onde sua presença é
celebrada, onde sua energia é
querida, onde fazem questão de
ter você por perto. Nada melhor
do que criar vínculos que vêm
da alma. Entenda que nem todos
gostarão de você e nem é precioso.
*O mais importante é respeitar a
todos, ser autêntico e entender
que a sua vibe atrai a sua tribo.*

Algumas situações difíceis
que aconteceram em sua vida
vieram exatamente para limpar
certas ilusões e mostrar a você
o que é realmente importante.
Algumas tempestades são
necessárias para varrer de vez o
superficial e abrir os seus olhos.
*Por isso lembre-se de que nem
toda situação desafiadora
é um problema. Muitas
vezes é uma libertação.*

Ser positivo não é sobre negar as dificuldades pelo caminho, é sobre procurar soluções em vez de apenas se limitar ao problema.

Não se culpe mais pelas suas ações passadas. Você fez aquilo que tinha condições. *O passado não é ponto de julgamento e sim de aprendizado.* Todos erramos porque somos seres em construção. Opte pelo aprendizado em vez da crítica e você perceberá que toda culpa vai se transformar em instrumento para o seu progresso.

Não se esqueça de cuidar de
todas as suas camadas. *Trace
metas diárias de cuidado
físico, emocional e espiritual.*
É estimulando e preservando
cada parte sua que você
constrói o verdadeiro equilíbrio
de dentro para fora.

Não podemos passar a vida esperando que alguém chegará para nos curar. Não se pode transferir um trabalho que é exclusivamente nosso. *No fim, somos nós que temos que pegar nossos aprendizados, nossa força interna, e cuidar das nossas feridas.* Quanto menos esperamos que os outros façam isso, e mais assumimos essa responsabilidade, mais rápida é a nossa cura.

Apesar de vivermos situações difíceis, temos um poder de decisão dentro de nós, que nos faz escolher se seremos moldados pelas nossas experiências ou se vamos usá-las a nosso favor. Os desafios que enfrentamos trazem mais do que dores: trazem lições, despertares e estímulos para nossa percepção e nosso fortalecimento emocional. *Não precisamos permitir que aquilo que nos aconteceu nos defina.*

Damos força demais às pessoas, às situações, aos medos e aos julgamentos. *Mas tudo isso só tem o poder que lhes conferimos por meio da atenção e da importância que lhes damos.* Pois no fundo a força está em nós. Só tem poder sobre nós aquilo que nós autorizamos que tenha. Se tiramos o poder do que tenta nos diminuir, nada poderá nos parar.

Há dores que são causadas apenas pelo nosso ego. Quando queremos que tudo se molde aos nossos desejos, quando queremos ser aplaudidos por todos, quando não aceitamos que "perder" também faz parte da vida. Nos poupamos de sofrimentos desnecessários *ao sairmos das ilusões do ego e nos voltarmos para a simplicidade da alma.*

Um dia as coisas ficarão mais leves. Não porque tudo ficará mais fácil, mas porque você a cada dia fica mais forte, mais sábio e mais confiante. *O caminho melhora conforme você cresce.*

Coloque o seu melhor em tudo que você fizer. Mesmo que muitos não reconheçam, mesmo que os desafios e as dores apareçam em alguns momentos do caminho. Porque cedo ou tarde a vida lhe entregará tudo aquilo que você semeou e você agradecerá a si mesmo por nunca ter desistido de espalhar amor por sua jornada.

A batalha nunca é com o outro. A maior luta é sempre contra nós mesmos. Na busca de vencermos os nossos bloqueios, as nossas resistências, os pensamentos negativos e os condicionamentos externos que alimentamos.
A gente ganha toda vez que supera a si próprio e se permite ser melhor. É assim que uma nova existência nasce.

Disciplina não é sobre rigidez, é sobre constância. A motivação é importante, mas sem a disciplina os seus sonhos não ganham a estrutura necessária para se tornarem reais. *Ser disciplinado é não permitir que dias ruins ou situações transitórias distraiam você dos seus objetivos.*

Solte essa necessidade de controlar tudo. É exatamente a tentativa de controlar o que não está ao seu alcance que tira a sua paz. Ao compreendermos que sempre haverá certas coisas que não controlaremos e que mesmo assim a vida pode fluir a nosso favor, aprendemos a confiar que, fazendo a nossa parte, tudo acontecerá do jeito que tem que acontecer.

Pensamentos negativos vão surgir. O segredo é não acreditar neles. Não é porque pensamos algo que isso corresponde à realidade. *Analisar cada pensamento com consciência é saber escolher os que nos ajudam a crescer* e descartar aqueles pensamentos que apenas nos fazem desacreditar de nós mesmos.

Os outros não têm obrigações conosco. Nós que temos. Se alguém firmou um compromisso e não cumpriu, temos sempre a escolha de não aceitar permanecer junto de quem não nos faz bem.
Mas isso é uma escolha do outro, não uma obrigação. Que a gente entenda que o outro é livre para escolher, e que nós *nos aproximemos daqueles que por livre escolha nos tratam bem.*

Que nossas dores não nos tornem amargos, que as nossas desilusões não nos ceguem para as bênçãos em nossa vida, *que nossas feridas não nos façam criar barreiras para a felicidade.* Que jamais algo negativo que nos aconteceu tire o nosso melhor e nos impeça de ser feliz. A dor de ontem não precisa se repetir nem deve comandar nossa vida.

Tem bagagens que não se levam, que apenas pesam e atrasam a nossa caminhada. *Tão importante quanto saber o que levar adiante é saber o que devemos deixar para trás.* Nossa história é cheia de situações. Chegadas, partidas, dores, vitórias e desilusões. O segredo é saber deixar ir o que nos pesa e escolher levar o que faz bem ao coração.

Você vai conseguir perdoar quem um dia te trouxe dor, abençoar as experiências difíceis que te ensinaram, olhar para o passado e ficar em paz. Contudo, não se culpe se ainda não chegou lá. Apenas siga trabalhando por você e pela vida que quer criar. *Um dia perceberá que todas as dores do passado se tornaram apenas lições no caminho.*

Lembra-se daquilo que você achou que não iria superar? Lembra-se do dia em que chorou e achou que nunca seria feliz de novo? Hoje essas situações nada significam. Porque você cresceu, se fortaleceu e voltou a sorrir. Por isso, diante de cada dor, lembre-se: esse *sentimento também é passageiro.* Recordar-se disso é se permitir sentir sua dor, mas saber que não vai doer para sempre.

Que você perca o medo de viver todas as *coisas boas* que estão *destinadas a você*.

Tenha sempre em mente que, quando não consegue, *você aprende.* Você sempre levará alguma coisa de cada uma das suas experiências. Tudo na vida é um ganho quando se enxerga a existência pelas lentes da evolução.

Tem dias que é difícil se amar
e acreditar em algo positivo.
Porém, não deixe que um bloqueio
momentâneo da sua mente faça
você acreditar que não merece
amor ou que sua vida é ruim.
Se hoje a sua mente enxerga a
realidade de forma limitada,
procure não pensar muito. *Apenas
siga seu dia.* Essas nuvens mentais
escuras também passarão e, assim
como *o Sol volta a brilhar*, o seu
otimismo na vida volta a renascer.

Mantenha firme em sua mente a vontade de ser um pouco melhor. *Não perfeito. Apenas um pouco melhor.* E coloque esse propósito em seus pensamentos, em suas palavras e em suas ações (direcionadas a si e ao outro).
É na atitude de ser um pouco melhor a cada dia que as grandes transformações acontecem.

Ninguém está totalmente bem, totalmente curado, totalmente pronto. Todos estamos dia a dia tentando dar o nosso melhor, enquanto nos curamos de dores que não falamos a ninguém. Então não se culpe ou se julgue se iludindo com perfeições. O seu processo é humano e natural. Então relaxe e viva o agora, sem se cobrar tanto. *Você está indo melhor do que imagina.*

Desistir não é sinal de fraqueza. *É preciso muita força para abandonar algo que já quisemos muito,* mas que hoje percebemos que não nos faz feliz.

Não é porque alguém não ficou que o amor não é pra você. Não é porque algo deu errado que você não pode ter sucesso. Não é porque uma situação foi difícil que tudo tem que ser complicado pra você. *Toda experiência é única.* Não se defina por algo momentâneo. A vida é maior do que uma experiência ruim.

*Jamais menospreze o poder
de um ponto de vista.*
A maneira que você enxerga seu
passado determina o poder que ele
tem sobre você. Desenvolva o hábito
de enxergar meios de aprender com
seu passado e não de sofrer com ele.

Culpas e julgamentos não mudam o passado, nem nos fazem crescer. Pois jamais crescemos dentro da zona da mágoa e da dor. *São o entendimento, o aprendizado e o perdão que impulsionam nossa evolução.* É preciso largar o que fere para receber o que nos alimenta a alma.

Não há idade ou tempo certo para começar uma nova fase e ser feliz. O passado não foi perda de tempo. Ele ensinou. ***Não importa quanto tempo demoramos para despertar,*** nos reencontrar, nos valorizar e nos amar de verdade, o importante é o agora. Nunca é tarde demais para recomeçar. O melhor momento para encontrarmos a felicidade é sempre o presente.

Ser seletivo vai diminuir o número de pessoas à sua volta. Porque essa atitude vai filtrar as suas companhias. A verdade é que nem todo mundo merece sua presença, sua atenção e sua energia. ***A vida não é sobre quantidade, é sobre qualidade.*** É preferível um número menor de companhias que alimentem a alma do que estar cercado de pessoas vazias.

É preciso sentir. Nossas dores. Nossos amores. Nossos desejos. Nossos medos. Nossas angústias. *Sentimentos são portais para dentro de nós.* Quando sentimos a fundo aquilo que precisamos, pouco a pouco nos libertamos daquilo que nos consumia por dentro. Reconheça, sinta, aceite e se liberte. Negar é se prender. Sentir é permitir se libertar.

Cuidar da sua saúde mental é entender que às vezes será necessário evitar alguns lugares, se afastar de certas pessoas e encerrar alguns ciclos. *Não há como se curar permanecendo junto do que lhe adoece.*

Nossas cicatrizes também
nos compõem. São o lembrete
da nossa força e de tudo que
superamos. Pois somos compostos
de vivências e de aprendizados.
Olhar as nossas cicatrizes sem
nos ressentir delas é ter a certeza
de que superamos todas as
dores e de que o amor venceu!

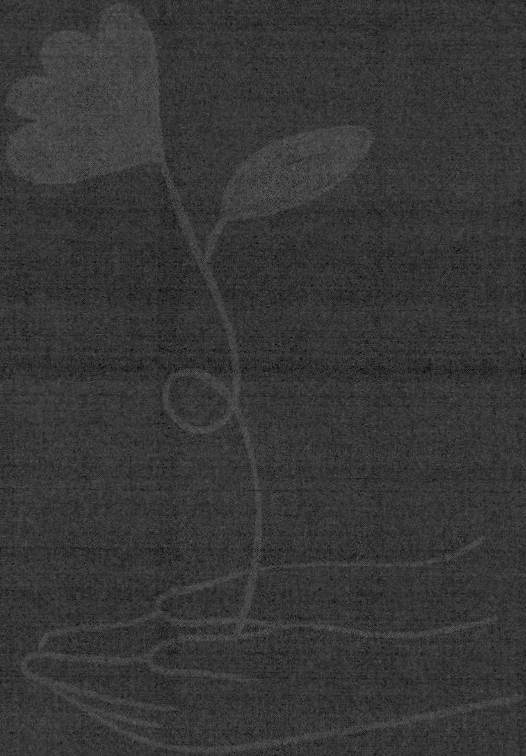

POSFÁCIO

Todos nós carregamos feridas. Dores que não falamos a ninguém. E muitas vezes esses machucados interiores apertam nosso coração e colocam à prova nossa fé na vida. Nos fazem questionar se a felicidade existe e se seremos capazes de chegar aonde queremos. Porém, todas essas dúvidas são apenas reflexos dessas situações passadas. E nenhuma delas reflete a verdade ou define quem nós realmente somos. Porque não somos a nossa ferida. Nós somos maiores do que toda dor que já sentimos. Nós somos a cura oculta que habita na mudança de um ponto de vista. Nós somos a revolução que transforma nossa vida quando acreditamos em nós mesmos. Nós somos os sonhos que se realizam quando não desistimos de ser felizes.

Essas reflexões surgiram exatamente para lhe lembrar diariamente que você pode superar suas dores, fazer as pazes com o seu passado, aprender a ver a beleza que há em você e reencontrar a força para seguir em frente e ser feliz. Que este livro faça-o despertar o melhor que habita em você e faça você entender que, não importa o que tenha lhe acontecido, você não é a sua ferida.

Com amor,
Alexandro Gruber.

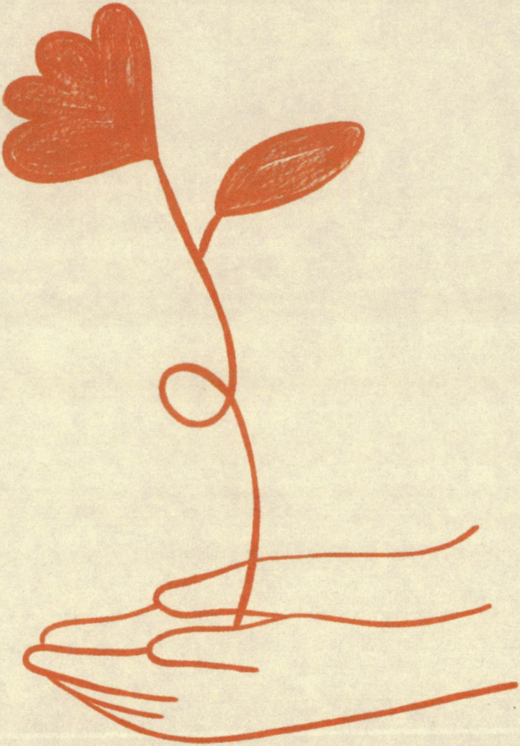

Compartilhando propósitos e conectando pessoas

Visite nosso site e fique por dentro dos nossos lançamentos:
www.gruponovoseculo.com.br

- facebook/novoseculoeditora
- @novoseculoeditora
- @NovoSeculo
- novo século editora

Edição: 1ª
Fonte: IvyStyle TW